PREGÚNTELES A SUS ÁNGELES...

- ¿Tendré una relación amorosa duradera en el futuro?
- ¿Dónde encontraré a mi alma gemela?
- ¿Cómo sabré si esa persona es la indicada?
- ¿Me es fiel mi pareja? ¿Es honesta y sincera conmigo?
- ¿Estamos listos para tener hijos?
- ¿Tendré un buen embarazo?
- ¿Tendrá mi hijo talentos y habilidades especiales?
- ¿Existe la posibilidad de que me despidan de mi trabajo actual?
- Detesto mi trabajo. ¿Debo renunciar?
- ¿Está mi jefe satisfecho con mi trabajo?
- ¿Qué posibilidades tengo de obtener un ascenso?
- ¿Es éste un buen momento para empezar mi propia empresa?
- ¿Qué puedo hacer para mejorar mi situación financiera?
- ¿Sufro de alguna enfermedad que no sepa?
- ¿Tienen buena salud los miembros de mi familia?
- ¿Cómo puedo reducir el estrés en mi vida?
- ¿Cuál es la meta que debo proponerme?

CÓMO HABLAR CON SUS ÁNGELES

KIM O'NEILL

Traducido del inglés por Adriana Delgado

AVON BOOKS
Una rama de HarperCollinsPublishers

Rayo/Avon Books
Una rama de HarperCollins*Publishers*
10 East 53rd Street
New York, New York 10022-5299

Copyright © 1995 por Kim O'Neill
Traducción © 2006 por Adriana Delgado
ISBN-13: 978-0-06-085697-7
ISBN-10: 0-06-085697-1
www.rayobooks.com
www.avonbooks.com

Primera edición Rayo: Junio 2006
Primera edición en inglés de Avon Books: Noviembre 1993

Rayo y Avon Books son marcas registradas en la oficina de Derecho de Patentes en los Estados Unidos y en otros países.
HarperCollins® es una marca registrada de HarperCollins Publishers Inc.

Impreso en Estados Unidos

10 9 8 7 6 5 4 3

Agradecimientos

Le estaré eternamente agradecida a los ángeles que tangiblemente me iniciaron en el proceso de comunicación con los seres Angélicos. En especial le agradezco humildemente a mi ángel John Reid, que con su constante lealtad y paciencia me inició en este viaje espiritual y quien, en repetidas ocasiones, hizo caso omiso de mi miedo, indecisión y desconfianza mientras comenzaba a cumplir con mi propósito en la vida: enseñar a otros a comunicarse con sus ángeles.

Me siento privilegiada y honrada de hablar en nombre de todos aquellos seres angélicos que depositan su confianza en mí para expresar sus profundos, motivadores y en ocasiones divertidos mensajes a los clientes que vienen a mi oficina para sesiones privadas.

Mis clientes son una fuente diaria de inspiración. Soy testigo de su valiente lucha por sobreponerse y resolver asuntos difíciles y, en última instancia, para triunfar personal, profesional y espiritualmente. Mis más sentidos agradecimientos para ellos por su entusiasta y constante apoyo en la escritura de este libro.

Mi amiga y colega Karon Glass me brindó una ayuda invaluable para finalizar este proyecto con su gran conocimiento de gramática y puntuación y su permanente atención a los detalles.

Tom Glass, un genio de las computadoras, me rescató en varias ocasiones y me salvó cada vez que mi poco confiable computadora se dañaba. Estoy en deuda con él.

Como escritora, soy muy afortunada de tener la maravillosa oportunidad de contar con Patricia Teal como mi agente literaria. Ha tenido fe en este proyecto desde su concepción.

También quiero agradecer a Carrie Feron por su destreza para editar y por sus ideas creativas que permitieron que mi trabajo adquiriera una mayor claridad.

Finalmente, todo mi amor y respeto a mi madre, que siempre me ha dado su amor incondicional, su guía y su apoyo y, además, me ha hecho creer que todo es posible.

Contenido

Contenido

PRIMERA PARTE

Introducción
a los
Ángeles

CAPÍTULO UNO

Cómo Conocí a mis Ángeles

Hasta en los más remotos recuerdos de mi infancia, la presencia de compañeros especiales e invisibles en mi vida ha sido constante y vívida. Hablaban y jugaban conmigo, me guiaban, consolaban y protegían. De niña, yo aceptaba y creía plenamente en la realidad de su existencia.

De repente, un día sentí curiosidad por saber por qué estos compañeros especiales habían escogido jugar con una niña tan corriente como yo. Me explicaron que ellos eran mis ángeles de la guarda y que habían sido enviados desde el Cielo para guiarme y cuidarme.

A pesar de que no los podía ver, siempre escuchaba sus voces, que me susurraban en la cabeza. Así, comencé a desarrollar un método de comunicación que me permitía hablar privadamente con ellos, como si estuviéramos haciéndolo por teléfono.

Incluso desde mi infancia, empecé a practicar la comunicación con mis ángeles haciéndome preguntas que, momentos más tarde, ellos respondían de modo que yo pudiera entender fácilmente.

Era tan fácil y divertido practicar, que descubrí que me tomaba poco tiempo desarrollar a plenitud esta comunicación con mis ángeles, así que muy pronto nos volvimos mejores amigos.

Una vez que me sentí confiada para de recibir información de mis ángeles, éstos empezaron a expandir nuestra comunicación, dándome mensajes psíquicos en forma de sueños mientras dormía.

Antes de los diez años, ya estaba teniendo sueños clarividentes que anunciaban nacimientos, muertes, resultados finales de eventos deportivos profesionales, desastres naturales, accidentes aéreos y crímenes violentos, como, por ejemplo, secuestros, violaciones y asesinatos.

De niña, era fascinante y aterrador tener pesadillas tan reales y explícitas. Mis sueños estaban llenos de sonidos, colores, olores e imágenes claras de personas, lugares y cosas relacionadas con sucesos del diario acontecer. Dormir se parecía mucho a estar conectada a un programa informativo psíquico.

Me despertaba todos los días ansiosa por leer el periódico y explorar los titulares y las noticias de primera plana que describían los suesos exactos que había soñado la noche anterior. Una y otra vez, mis mensajes intuitivos resultaban ser tan específicos y precisos que desarrollé total confianza y un sentimiento de reverencia por la información que me estaban dando mis ángeles.

A pesar de que constantemente estaba recibiendo información psíquica verídica y muy detallada, yo era demasiado tímida para compartirla con las demás personas. La relación única con mis ángeles comenzó cuando yo era tan joven y se convirtió en un proceso tan natural que, cuando era niña, creía que todo el mundo tenía la misma experiencia y recibía la misma información clarividente que yo. Nunca se me ocurrió que la comunicación con mis ángeles fuera extraordinaria en algún sentido.

Mis ángeles continuaron comunicándose conmigo hasta que cumplí once años. Fue entonces cuando cesaron sus mensajes, con excepción de ocasionales sueños clarividentes.

Curiosamente, no extrañaba recibir la información intuitiva. Sin distracciones psíquicas, de repente podía concentrar toda mi atención en los intereses "normales" de una niña: los libros, la ropa, la música, el colegio y los niños. Lamento decir que pronto me olvidé de la comunicación especial que había desarrollado con mis ángeles.

Mi despertar espiritual no se reinició por muchos años. No volví a saber nada de mis ángeles hasta que tenía más de treinta años, en una época en que mi vida era un caos total.

Profesionalmente, yo era la copropietaria de una pequeña empresa de publicidad en Houston que estaba a un paso de la quiebra. La alarmente baja del precio del petróleo tenía un efecto devastador en la economía de Texas.

También era un desastre emocional. El estrés me estaba matando y la presión de una industria publicitaria altamente competitiva me ahogaba. Trataba de balancear las preocupaciones financieras de cómo pagar su salario a mis trabajadores con los retos creativos implícitos en el trabajo con clientes exigentes que se quejaban por cada factura que se les pasaba.

El trabajo intenso y agitado de la agencia también estaba afectando mi salud física. Olvidaba mis sanos hábitos alimenticios y engullía comida rápida frente a mi escritorio durante reuniones de planeación con colegas de la agencia. No dormía bien y daba vueltas y vueltas en la cama, preocupada por cumplir con los pagos mensuales de la empresa.

Me daba cuenta a diario de que me estaba matando de estrés, pero no tenía ni la más mínima idea de qué hacer si dejaba la industria publicitaria. Me sentía presa sin ninguna esperanza, como un animal atrapado en el resplandor de las luces de un vehículo que se dirige hacia él.

Mi vida personal también era caótica. No tenía ninguna relación real fuera de la agencia, porque las largas jornadas de trabajo no me dejaban mantener ningún tipo de amistad sólida.

Mi socio en la agencia de publicidad era mi esposo, y peleábamos constantemente por nuestras distintas filosofías de trabajo y nuestros compromisos incumplidos. Cada noche llevábamos el estrés del trabajo a la casa, lo que hacía imposible que pudiéramos descansar o relajarnos.

Me sentía un fracaso absoluto, tenía que hacer acopio de todas mis fuerzas para dar cada paso hacia adente y sobrevivir cada día de la mejor manera posible.

De repente y sin ninguna advertencia, en el punto más bajo de mi vida, los mensajes intuitivos de mis ángeles comenzaron nuevamente. Pero ahora, en lugar de aparecer sutilmente en mi conciencia como lo habían hecho cuando era niña, estallaron dentro de mí.

Había pasado tanto tiempo desde la última vez que me había comunicado con ellos, que me había olvidado completamente de los ángeles de mi infancia. Esta nueva y alarmente capacidad intuitiva me produjo una confusión y una distracción tremendas. El estrés, que ya me agobiaba, aumentó drásticamente.

Empecé a "recibir" energía psíquica de todas las personas que se me acercaban. La información intuitiva de mis ángeles llegaba clara y fuertemente a mi cabeza, tal y como había sucedido cuando era niña.

La mujer que estaba parada junto a mí en la sección de comida congelada en el supermercado se estaba divorciando de su esposo porque él le era infiel. El hombre que trabajaba en la lavandería necesitaba un antibiótico porque tenía una infección bacterial complicada. El portero que trabajaba en mi edificio necesitaba llamar a su hermana en la Florida porque ella estaba a punto de recibir los resultados del examen que confirmaban que tenía cáncer. Mi cliente, que trabajaba en la administración de un centro de rehabilitación, finalmente iba a ser nombrado presidente de la organización. Mi secretaria iba a conocer a su príncipe azul y se casaría con él pronto. Mi peluquera embarazada iba a dar a luz a una niña que llegaría a ser una famosa cirujana del corazón.

De repente me sentí abrumada por una inmensa conciencia psíquica y no podía apagarla. ¡Detestaba estar en esa situación! Ya no podía concentrarme en mis propios pensamientos, sentimientos o deseos, como lo hacía antes. Muchos de mis propios pensamientos eran relegados, como si ahora no tuvieran sentido o importancia, para dar espacio a la información psíquica que estaba recibiendo de otras personas.

Tan pronto recibía un mensaje intuitivo para alguien, se repetía una y otra vez, cada vez más fuerte, dentro de mi cabeza, como un telegrama psíquico que yo tenía que transmitir. Pero seguía siendo una mensajera reacia, me resistía a compartir la información que estaba recibiendo.

¿Cómo podía estar segura de que la información intuitiva que estaba recibiendo era precisa? ¿Cómo podía transmitir un mensaje psíquico a alguien sin estar completamente segura de que yo había "recibido" la información correcta? Empecé a recordar lo intuitiva que había sido de niña, y lo precisa y específica que había sido mi información. Pero ésta era una situación completamente diferente.

De niña, nunca había transmitido este tipo de información a otras personas. Era muy seguro y sin riesgos comprobar mi información psíquica al leer el periódico tranquilamente. ¿Qué pasaría si yo transmitiera información incorrecta a alguien? ¿Y si yo estuviera entendiendo equivocadamente las señales y asustara innecesariamente a alguien? ¿Qué pasaría si le diera esperanzas a alguien sobre algo que nunca fuera a suceder?

Comencé a sentir que una enorme responsabilidad caía sobre mis hombros junto con los mensajes intuitivos que mis Ángeles me estaban dando. No me gustaba esta carga ni la recibía de buena gana. Lo último que necesitaba era más responsabilidad. Una cosa era recibir una gran cantidad de información y no decirle a nadie. Pero empecé a darme cuenta de que la razón por la cual estaba recibiendo información intuitiva ahora que era adulta, era justamente para dársela a las personas a las que atañía.

No importaba cuán "fuerte" llegaba la información, no iba a quedar como una idiota acercándome a una colega de trabajo para decirle: "Susan, sé que en este momento ocupas un alto cargo administrativo en la compañía de petróleo XYZ, pero quiero que sepas que el próximo año te mudarás a Seattle y empezarás tu propia empresa de consultoría." O, "Joe, perdóneme, por favor, sé que acabamos de conocernos en la Cámara de Comercio, pero, ¿ya sabe que se va a casar con su secretaria?" O aun peor, acercarme a un desconocido y decirle: "Hola. Usted no me conoce, pero estoy feliz de decirle que los resultados del examen serán negativos."

La idea de darles información psíquica a otras personas era absurda. Yo era una mujer de negocios seria, una empresaria que había trabajado duro durante muchos años para ganarme una reputación profesional y ética dentro de la comunidad laboral extremadamente conservadora de Houston. No podía comprender por qué me estaba pasando esto. Yo era una persona muy normal.

No tenía que ser neurocirujana para darme cuenta de que si empezaba a transmitir información psíquica a otras personas, esto me arruinaría profesionalmente. Todos esos años de trabajo duro se vendrían abajo. Me convertiría en la burla de todos, y con toda razón.

No podía sobreponerme al sentimiento de vergüenza de ser catalogada como psíquica. ¿Acaso los psíquicos no eran personas increíblemente locas y excéntricas que usan joyas baratas y estrafalarias, mantos inmensos, gran cantidad de maquillaje, hablan una jerigonza metafísica y generalmente trabajan en remolques desbaratados con palmas de neón en la ventana? ¿Y los psíquicos denunciados por los medios como estafadores que viven de un público confiado que les compra pociones y todo tipo de ridiculeces? ¿Era eso lo que yo quería: estar ligada a una industria como ésa?

Sin embargo, tenía la cabeza inundada con mensajes psíquicos. Durante meses, a pesar de mi renuencia, los mensajes siguieron llegando. Finalmente entendí que los Ángeles no iban a rendirse o dejarme en paz hasta que yo aceptara darles a otras personas la información canalizada. Desesperada, decidí que no tenía otra opción.

Durante un momento de debilidad, y con serias dudas

al respecto, decidí arriesgarme. Después de mucho pensarlo, escogí al portero de mi edificio como el primer receptor de la información psíquica, porque el mensaje era urgente y estaba relacionado con la salud de su hermana.

Esa fatídica tarde, al regresar del trabajo, el portero me saludó con una sonrisa amigable. Di gracias de que estuviéramos solos en la portería. El corazón me latía como loco, las manos me sudaban y tenía la boca seca como algodón. Le sonreí débilmente y caminé hacia él. Me paré frente a él con los brazos rígidos a los lados, me incliné y le susurré nerviosamente:

"¿Cómo está, Frank?" Mi voz sonó como un chirrido.

El portero arrugó las cejas sorprendido.

"¿Se siente bien, Srta. O' Neill?"

Si no lo hacía en ese momento, sabía que no lo haría nunca.

"Frank," dije impulsivamente, "su hermana que vive en Florida necesita que la llame cuanto antes. Acaba de recibir los resultados de una biopsia y se siente un poco deprimida. Oír su voz la hará sentirse mejor…"

Frank abrió tanto lo ojos que pareció que se le iban a salir de sus órbitas. Se apartó de mí y se puso a una distancia más cómoda entre los dos.

"¿Cómo sabe que tengo una hermana en Florida?" me preguntó con suspicacia.

No sabía qué contestarle. Dudaba de contarle que la información venía de mis Ángeles de la guarda.

"Sólo llámela, Frank. Esta misma noche. ¿Está bien?"

Frank se quedó en silencio, con los ojos muy abiertos y la cara pálida. Se apartó un poco más de mí, como si temiese algún tipo de contaminación.

"Buenas noches, Frank."

Él sólo atinó a asentir con la cabeza.

Mientras caminaba hacia el ascensor, juré nunca volver a darle información a alguien. ¡Me sentía como una idiota! Nunca me había sentido tan ridícula. Le causé el mayor susto de su vida a ese pobre hombre y ahora me evitaría como a la peste. ¡Entonces me di cuenta de que probablemente él les contaría a todos mis vecinos que yo estaba loca y probablemente me evitarían también! ¡No había pensado en eso! ¿Y si esa información sobre su hermana fuese errónea? ¿Lo habría preocupado innecesariamente? Además, me di cuenta por su reacción de que jamás llamaría a su hermana.

Esa noche me acosté temprano, pero no pude dormir. Me sentía completamente humillada. ¿Cómo había podido ser tan atrevida? Sentí que mis Ángeles estaban complacidos de que le hubiera dado información psíquica a otros, y sabía que me iban a apoyar y a animar para hacerlo de nuevo con otras personas. Sin embargo, no podía dejar de pensar en la expresión de asombro de Frank.

¿Cómo iba a poder olvidarme de eso algún día? Decidí que la única solución era evitar completamente a Frank en el futuro. Tratando de ser optimista, me dije que si no me veía, a lo mejor olvidaría todo el incidente.

A la mañana siguiente, atravesé rápidamente el primer piso, cabizbaja y ocultándome detrás de mi maletín.

Escuché la voz de Frank gritar mi nombre. Fruncí el ceño y, a regañadientes, me volteé para saludarlo. Él era el portero de noche pero contra su costumbre, todavía estaba en el edificio. Frank corrió hacia mí. Tenía la cara roja de la emoción y los ojos aun más saltones que la noche anterior.

"¡Srta. O'Neill! ¡La estaba esperando! ¡Usted tenía razón! ¡Sara tiene cáncer!"

"¿Sara?" pregunté torpemente.

"¡Mi hermana! ¡En la Florida! Al comienzo pensé que usted estaba loca… No quiero ofenderla… pero algo me dijo que debía llamarla de todos modos. Ayer recibió los resultados. Tiene cáncer, pero su doctor dice que se va a recuperar ¡Usted tenía razón! ¡No podía creerlo! Nunca la hubiera llamado si no hubiera sido por usted…"

Yo estaba asombrada. Suspiré con alivio porque mi información era correcta. Mientras Frank continuaba contándome sobre su hermana, oí a mis ángeles decirme: "¿Ves? Te estamos dando información que otras personas realmente necesitan. Este es sólo el comienzo."

CAPÍTULO DOS

Nuestros Compañeros Angelicales

Estoy completamente consciente de que muchos dirán que nadie puede hablar con espíritus y ángeles mientras esté viviendo en un cuerpo. Muchos dicen que todo es imaginación, otros dicen que cuento estas experiencias para que me den el crédito, mientras otros harán todo tipo de objeciones. Pero nada de esto me disuade, pues he visto, he oído, he sentido.

—EMANUEL SWEDENBORG

¿Quiénes Son los Ángeles?

Los ángeles son los verdaderos héroes no reconocidos del universo. Son la materialización de la devoción desinteresada, la paciencia infinita, el amor incondicional y la fuerte determinación.

A pesar de que no siempre somos conscientes de su presencia, tenemos el gran privilegio de estar envueltos en un capullo invisible de apoyo, estimulación, amor y protección angelicales a todo lo largo de la vida.

Toda vida existe en dos planos fundamentales. Existe un plano *físico,* en el cual vivimos en un cuerpo material, y un plano *espiritual* al que muchas personas se refieren como el cielo. Sabemos que actualmente existimos en el plano físico porque tenemos un cuerpo. Cuando nuestro cuerpo físico desaparece, nuestra alma viaja al cielo, y allí vivimos muy cómodamente hasta que decidimos volver al plano físico para iniciar otra vida.

Con frecuencia, en los seminarios sobre Ángeles, me preguntan que si de hecho viajamos al cielo, ¿por qué escogemos volver al plano físico?

La razón es que sólo en el plano físico tenemos la oportunidad de obtener mayor sabiduría, iluminación y madurez. Por esta razón, la vida puede ser una lucha. La vida en el plano físico está destinada a ser una serie de duras experiencias de aprendizaje, una detrás de la otra.

¿Cómo aprendemos a hacerle frente a estos sufrimientos? ¿Cómo podemos sufrir revés tras revés y conservar nuestra habilidad para ponernos metas y luchar por nuestros sueños? ¿Cómo pueden algunas personas con discapacidades físicas o mentales ser positivas y optimistas? ¿Cómo pueden algunas personas enfrentar traumas o tragedias y, aun así, lograr dejar su huella en el mundo?

La razón por la cual podemos soportar tales sufrimientos en el plano físico y aun así tener la posibilidad de construir una vida llena de logros y realizaciones es debido principalmente a la existencia de nuestros Ángeles de la guarda.

Aunque es cierto que los Ángeles de la guarda viven

en el plano espiritual, no todos los seres celestiales tienen la oportunidad de convertirse en ángeles de la guarda.

Para cumplir con los requisitos angelicales, las almas deben pertenecer al más alto nivel de iluminación espiritual y sabiduría, y deben haber probado que son dignos de confianza para trabajar incansablemente a favor de quien están guiando.

El candidato a Ángel debe ser aprobado formalmente por Dios y por los otros Ángeles del universo para que se le permita realizar trabajo angelical con quienes nos encontramos en el plano físico. Ningún ser es aprobado por el Universo si no está en el más alto nivel de evolución espiritual, lo cual refuta la idea errónea de la existencia de Ángeles de bajo nivel, malignos o maliciosos. No tenemos que preocuparnos de atraer a un Ángel de "bajo nivel" que pueda crear caos en nuestra vida, porque sólo aquellos seres que tienen un altísimo respeto por nuestro progreso espiritual, sensibilidad emocional y dignidad personal son admitidos para trabajar como Ángeles de la guarda.

Los ángeles viven en el Cielo, pero pasan la mayor parte de su tiempo y considerable de energía visitando el plano físico, trabajando hombro a hombro con la persona que les fue asignada para guiar y dirigir. Toda la existencia de un Ángel se basa en su resuelta determinación de ayudarnos a lograr lo máximo posible en los planos espiritual, personal y profesional.

A todos nos asignan, individualmente, por lo menos dos Ángeles de la guarda para que nos acompañen. Trabajan a nuestro lado las veinticuatro horas del día, todos los días de nuestra vida, para guiarnos en las dificultades que enfrentamos, brindándonos entendimiento, conciencia, apoyo y motivación.

Los Ángeles nos son asignados de acuerdo con dos criterios diferentes. Primero, el Ángel debe tener experiencia previa en el tipo de retos o problemas que nos toque enfrentar y debe tener un nivel de sabiduría e iluminación superior al nuestro. Segundo, el Ángel debe tener una personalidad que encaje y concuerde con la nuestra, de lo contrario, la relación no será productiva y fructífera.

Las cualidades únicas que el Ángel aporte a la relación determinan la capacidad en la que trabajará con usted. Es decir, cada Ángel asignado estará preparado y dispuesto a ayudarlo en áreas específicas y diferentes de su vida. El Ángel que lo asista en relaciones personales, generalmente no lo ayudará en situaciones profesionales o con su salud o seguridad. Todos tenemos tantas facetas en nuestra vida, que normalmente necesitamos que más de dos Ángeles trabajen con nosotros en cualquier momento.

Un Ángel permanecerá a su lado sólo mientras sea una parte integral de su evolución espiritual, lo que significa que puede quedarse a su lado por el transcurso de muchas vidas, o puede decidir que debe irse después de unos pocos días. Usted requiere de Ángeles nuevos cada vez que empieza un nuevo capítulo en su vida o cuando está enfrentando una nueva serie de retos. Cuanto más rápido enfrente sus retos y resuelva sus problemas, más acelerada será la transición para los Ángeles que están trabajando con usted. Yo me refiero a esta transición como "cambio de guardia."

Al brindarle apoyo y motivación inagotables, sus Ángeles de la guarda se concentran por completo en qué es lo más conveniente para usted, y pronto descubrirá que ellos son los compañeros más constantes y leales que haya tenido jamás.

A pesar de las buenas intenciones de nuestros familiares y amigos, sus consejos y sugerencias pueden estar teñidos de sus propios asuntos sin resolver.

Por ejemplo, imagínese que su mayor sueño en la vida sea mudarse a Florencia, Italia, y escribir un libro sobre la historia del arte. Después de conseguir un trabajo fijo, aunque de poca importancia, mientras disfruta de unas vacaciones en Italia, decide empacar sus pertenencias y mudarse. Usted tiene la certeza intuitiva de que nunca tendrá una mejor oportunidad para cumplir su sueño. Varias semanas después, mientras cena con una amiga, le cuenta con entusiasmo sobre sus planes de mudanza. La idea es recibida con ansiedad y consternación por parte de su amiga, que está visiblemente enojada.

Su amiga le dice que está preocupada por su bienestar emocional y económico, y le dice en términos muy claros que cree que usted está loco y es muy inmaduro para considerar dicho cambio. A pesar de que sabe que su amiga lo aprecia y quiere lo mejor para usted, en realidad ella está expresando sus propios problemas, como el miedo a la independencia, la autorrealización y a la toma de riesgos.

De cualquier modo, si le preguntara a sus Ángeles acerca sobre la mudanza a Florencia, le responderían muy positivamente, porque este viaje es vital para su evolución espiritual, realización personal y satisfacción profesional.

A diferencia de sus amigos y parientes cariñosos y bien intencionados, sus Ángeles le dan información que no esta teñida o filtrada por sus propios conflictos personales. Sus Ángeles se concentran por completo en lo que es más productivo para *usted* para ayudarle a crear la mejor calidad de vida posible.

Además, sus Ángeles siempre están disponibles para usted. Nunca se van de vacaciones, nunca se negarán a comunicarse porque están comiendo, durmiendo o viendo televisión. Y usted nunca tendrá que dejar un mensaje en un contestador angelical.

El propósito más importante que tienen sus Ángeles es facilitar una conciencia más plena de qué *podría* pasar en su vida, de qué *está* pasando en su vida y de por qué ciertos sucesos o situaciones se están presentando en su vida. Sus Ángeles están trabajando constantemente para darle esta información.

Cuando tengo una sesión privada con un cliente en mi oficina, canalizo información para él o para ella que envían directamente sus Ángeles de la guarda. Muchas veces, recibo quejas de los Ángeles sobre la persona a la que están guiando, porque no les está prestando atención o porque está muy bloqueada o se muestra escéptica en relación con todo el proceso intuitivo.

Por esta razón, existe un gran número de Ángeles que caminan entre nosotros en forma física para ayudar y dirigir más tangiblemente a la persona para quien trabajan.

¿Qué apariencia tiene un Ángel que acaba de adoptar una forma física? Se ven iguales que nosotros, que usted y que yo. El niño que lo ayuda en el supermercado puede ser un Ángel. También lo puede ser la mujer detrás del mostrador en la lavandería. O su Ángel de la guarda puede ser el contador que lo ayudó con sus impuestos.

Cuando les es dada la oportunidad de adoptar una forma física, los Ángeles van directamente al lugar donde se congrega la mayoría de sus "guiados." Se insertan en el área del plano físico donde más los necesitan. Su filosofía divina está basada en el hecho de que es mucho más fácil aceptar a un Ángel en forma de humano que a un Ángel que está en forma espiritual.

Todos los seres humanos tienen la habilidad innata

para comunicarse directamente con sus propios Ángeles de la guarda. Si usted toma conciencia de la existencia de sus compañeros angelicales y desarrolla las destrezas para comunicarse con ellos, juntos podrán aumentar enormemente su habilidad para reconocer y aprovechar oportunidades con presteza, para hallar las soluciones a los problemas que se le presenten y para alcanzar los niveles más altos posibles de éxito, felicidad, paz interior y plenitud.

Cómo nos Hablan los Ángeles

Muchas personas me dicen que creen en la existencia de los Ángeles de la guarda, pero no están convencidas de tener Ángeles propios que trabajen exclusivamente con ellas. Después de todo, dicen, ¿cómo es posible que no se den cuenta de la presencia de un Ángel? ¿Acaso no sabrían si sus Ángeles estuvieran hablando con ellas? ¿No tendrían algún tipo de prueba de la comunicación angelical?

Todos recibimos pruebas de la existencia de nuestros Ángeles de la guarda todos los días de nuestra vida. ¿Cómo es posible? ¿Cómo podemos ser partícipes de esta comunicación continua con nuestros Ángeles y, sin embargo, no tener conciencia de esta relación?

Nuestros Ángeles entablan relaciones con nosotros cuando todavía somos bebés. Su presencia es una constante a lo largo de la vida y su comunicación con nosotros es tan sutil, que naturalmente confundimos sus mensajes con nuestra propia intuición o nuestros instintos.

Cuando entendemos cómo se comunican los Ángeles de la guarda, empezamos a desarrollar una mayor sensibilidad a su presencia y comenzamos a reconocer cuánta información nos dan; también, desarrollamos la habilidad de tener acceso a mucha más información que antes.

Los Ángeles nos hablan a través de tres métodos básicos:

1. El método más común de comunicación angelical es la *autoconciencia*. Esta forma básica de conversación empieza cuando somos bebés y se perpetúa a lo largo de la vida. Ésta es la forma de comunicación angelical más difícil de percibir, porque nos llega a través de nuestros propios procesos mentales. Naturalmente, creemos que la información se origina en la cabeza, en lugar de provenir de los Ángeles. La forma más rápida y fácil de reconocer este tipo de comunicación angelical es volverse más consciente de los propios sentimientos "intuitivos" y escuchar esa voz dentro de la cabeza.

    Por ejemplo, imagínese que está conduciendo del trabajo a su casa y comienza una tormenta. Una voz en su cabeza le dice que no se vaya por el camino que usualmente toma porque la calle estará intransitable. Usted decide seguir sus "instintos" y usar una ruta alternativa para llegar a casa sano y salvo. Finalmente, llega a casa y prende la televisión para ver las últimas noticias sobre las condiciones climáticas. Informan que la calle que normalmente toma está completamente inundada y muchos motociclistas están en problemas por la altura del agua. Usted suspira con alivio porque escuchó su "voz interior." Pero era más que su voz interior: sus Ángeles le estaban dando esa información.

2. A pesar de que los Ángeles se comunican con *todo el mundo* a través del proceso de *autoconciencia*,

también es común que su Ángel le hable con su propia voz, como un amigo le hablaría por teléfono. Muchas personas en mis seminarios sobre canalización me cuentan que experimentaron esta forma de comunicación angelical por primera vez mientras dormían, usualmente entre las tres y las cuatro de la mañana. Muchas veces, los ángeles escogen esas horas para hacer contacto, porque uno es un público cautivo y no está distraído por estímulos externos, como lo estaría durante las horas de vigilia. Es mucho más difícil hacer caso omiso de los mensajes durante estas horas silenciosas del amanecer.

Si los Ángeles han encontrado obstáculos en sus intentos de comunicarse con usted a través de la autoconciencia, harán que su voz se oiga como una voz humana, para captar su atención. Susurrarán su nombre para sacarlo de un sueño profundo. Una vez usted esté despierto, nuevamente intentarán darle la información a través del proceso de la autoconciencia.

Un ejemplo perfecto de alguien que oye la voz de un Ángel es la película *Campo de Sueños,* en la que Kevin Costner recibe la información angelical que lo motivó a construir su estadio de béisbol: "Si lo construyes, vendrán."

Otro ejemplo: imagínese que a media noche una voz suave repite su nombre y lo despierta. Usted se sienta en la cama y trata de entender de dónde vino la voz. El gato está durmiendo profundamente a los pies de su cama y su pareja está roncando a su lado. La voz no pudo haber venido de ninguno de los dos, pero usted sabe que la oyó. Mira el reloj al lado de la cama y son las 3:30 a.m. La voz no vuelve a hablar, pero usted se ha despertado y le es imposible volverse a dormir. De repente, comienza a percibir mensajes "intuitivos" sobre cierta situación en el trabajo que le ha ocasionado mucho estrés y tensión. Durante varios minutos, la información angelical sobre su jefe y varios de sus compañeros continúa inundando su cabeza hasta que alcanza una nueva conciencia y un mayor entendimiento de la problemática situación. Unos segundos más tarde, vuelve a conciliar el sueño sintiéndose más tranquilo y seguro que nunca.

3. Los ángeles también le brindan información intuitiva a través de *imágenes,* usualmente en sueños. Las imágenes visuales son representaciones claras y vívidas de personas, lugares y cosas. Pueden representar sucesos actuales o eventos futuros. Pueden ser mensajes que le advierten acerca de alguien o algo, o, inclusive, recuerdos de otras vidas que están emergiendo en su conciencia.

Este tipo de comunicación también puede ocurrir en los momentos de vigilia. En la película *Los Ojos de Laura Mars,* la fotógrafa interpretada por Faye Dunaway recibe vívidas imágenes intuitivas sobre una serie de asesinatos. Aunque es ficción, éste es un ejemplo perfecto de alguien que recibe imágenes visuales mientras está despierto.

Aprendiendo a Interpretar Mensajes Angélicos

Ahora que usted está consciente de las tres formas en las que los Ángeles se comunican, está listo para aprender dos tipos de información intuitiva que le darán durante el proceso de comunicación.

Mientras aprende a distinguir entre los dos tipos de mensajes angelicales, también estará aprendiendo a interpretar hábilmente la información intuitiva.

El primer tipo de información angelical es la información *literal*. Ésta es información intuitiva que usted recibe y que es simple y fácil de descifrar.

Por ejemplo, usted puede tener un presentimiento acerca de un ascenso en el trabajo, un terremoto inminente, un encuentro con un hombre maravilloso, o una enfermedad en la familia. La información es muy clara y fácil de entender y se le presenta de una manera bastante directa.

Después de que usted tiene este "presentimiento," el suceso o situación que intuitivamente presintió realmente ocurre tal y como usted sintió que sucedería.

La información *simbólica* es otra forma de mensaje intuitivo y a menudo le es entregada en la noche en forma de sueños. Inicialmente puede parecer vaga o mística, y para entender el mensaje angelical, usted debe interpretarlo correctamente. Aprender a interpretar los sueños es una parte fascinante de la comunicación con los Ángeles. Se parece mucho a ser un detective psíquico. Con un poco de práctica, usted estará interpretando la información simbólica sin esfuerzo y con entusiasmo.

Por ejemplo, puede soñar toda la noche con un caballo blanco que atraviesa una pradera. Al comienzo, esto no tiene sentido para usted. Usted no tiene un caballo y tampoco pasa tiempo en el campo. El mensaje literal no tiene ningún sentido directo, entonces el sueño debe ser de naturaleza simbólica. Para entender el mensaje que sus Ángeles le están enviando, debe interpretarlo.

Podría interpretar el sueño de la siguiente manera: El caballo blanco representa y simboliza la libertad. Usted puede sentir que carece de libertad en el trabajo o en alguna otra área de su vida. El caballo es blanco porque ese color representa sus intenciones puras, no sólo en su deseo de más libertad, sino también en el impulso para progresar en su vocación. La pradera podría representar la paz y la tranquilidad que sentiría si efectivamente se liberara de su trabajo actual y fuera en su propia dirección, que podría inclusive significar establecer su propio negocio.

Deseo aclarar que no creo en la validez de los libros y manuales que explican todo el simbolismo de los sueños. Las personas perciben el simbolismo adecuado y significativo para ellos mismos en ese momento de su sueño.

Si yo sueño con un caballo blanco y usted también, es absurdo y contraproducente suponer que la imagen del caballo blanco significa lo mismo para los dos.

Cada uno de nosotros es tan único como un copo de nieve. En este momento, probablemente usted y yo tengamos problemas muy diferentes. Tenemos diferentes personas en nuestra vida y lo más seguro es que también tengamos diferentes tareas que cumplir. ¿Cómo podríamos soñar con un caballo blanco que signifique lo mismo para los dos?

Otro elemento interesante: cada vez que soñamos con el caballo blanco, puede que no represente el mismo concepto. Nuestros ángeles pueden estar intentando pasarnos información completamente diferente y pueden usar la misma imagen del caballo blanco para simbolizar algo totalmente distinto.

Entonces, ¿cómo podemos diferenciar la información literal y la simbólica? Es muy simple.

Si recibe un mensaje intuitivo, "siente" psíquicamente algo, escucha la voz de su Ángel que le habla, o ve una imagen clara y fácil de entender, puede estar seguro de que está recibiendo información literal.

Sin embargo, si después de recibir la información intuitiva en un sueño, por ejemplo, usted está confundido porque el mensaje parece no tener ningún sentido inmediato, ha recibido información simbólica. Una vez que decida que la naturaleza del mensaje angelical es simbólica, necesita interpretarla correctamente para entender exactamente lo que sus Ángeles están tratando de decirle.

¿Por qué los Ángeles transmiten tanto información literal como simbólica? ¿Por qué no nos hacen la labor más fácil y nos transmiten solamente información literal que no requiera interpretación?

Porque al aprender a reconocer la información simbólica y, luego, desarrollar las destrezas para interpretarla correctamente estamos profundizando significativamente nuestra habilidad intuitiva para comunicarnos con los Ángeles. Y al desarrollar esta elevada comunicación, estamos asegurando que ninguna información angelical se nos escapará y se perderá.

El proceso interpretativo intuitivo es parecido a la forma en la que un detective trabaja para descubrir pistas difíciles u ocultas. En lugar de resolver el crimen, usted estará descubriendo exactamente lo que sus Ángeles están tratando de decirle para ayudarle a tener una vida más enriquecedora, satisfactoria y agradable.

Ahora que usted está consciente de cómo le hablan sus Ángeles y los dos tipos de información que le dan, está listo para aprender cómo hablar directamente con ellos por medio del proceso de canalización, que explico en los Capítulos Tres y Cuatro.

❧

CAPÍTULO TRES

Lo que Usted Puede Esperar de la Canalización

¿Qué es la Canalización?

La canalización es la habilidad de comunicarse fluidamente con cualquier ser que exista en el plano espiritual, también llamado cielo.

Más importante aun es que la canalización le permite comunicarse con seres celestiales, como ángeles, pero también con familiares y amigos que ya han fallecido y están en el cielo.

Quizás usted ya esté entusiasmado con la idea de recibir información angelical y esté familiarizado con esa voz en su cabeza (o presentimientos "psíquicos") que lo dirigen en la toma de decisiones. Pero en ocasiones, también se sentirá frustrado porque le gustaría tener acceso a más información intuitiva.

Por ahora, probablemente usted deberá esperar pacientemente a que la información intuitiva le sea enviada por sus Ángeles de la guarda. Desafortunadamente, cuando ésta llegue quizás usted no se dé cuenta debido a distracciones externas, o puede ser que la reciba fragmentada, como si estuviera escuchando una estación radial que puede sintonizar a medias.

También puede sentirse inseguro de qué es lo que sus Ángeles están tratando de decirle o si ha interpretado correctamente la información angelical. Este proceso de comunicación, en una sola dirección o un solo sentido, puede llegar a ser muy frustrante.

Desarrollar sus habilidades de canalización le permitirá establecer contacto directo con sus Ángeles de la guarda a cualquier hora del día o de la noche. Podrá recibir la información que usted desee de forma clara y completa sin tener que esperar a que ellos aparezcan. Podrá crear una comunicación maravillosa en dos sentidos que le proporcionará más información angelical precisa y específica de la que pudo haber soñado.

El proceso de canalización también le permitirá continuar, plena y activamente, la relación con un ser amado que se encuentra en el plano espiritual.

Muchos de mis clientes que han sufrido una pérdida me preguntan si es posible comunicarse con un ser querido que ha fallecido. Este terrible sentimiento de pérdida ha alimentado la creencia en una vida después de la muerte en la que el ser querido está en paz y puede ser contactado.

Cuando alguien muere, muchas personas quieren saber desesperadamente adónde se fue su ser querido y quieren asegurase de que esté "bien," pero no quieren ser engañados cruelmente o que los traten con lástima.

Ya sea que existamos aquí en el plano material con un cuerpo físico o que vivamos en el cielo, sin cuerpo, todos somos parte del mismo universo. No existen fronteras entre el plano físico y el plano espiritual, excepto las que nosotros mismos creamos y perpetuamos en nuestra mente.

Ya que todos somos parte del mismo universo y que no existe una separación entre los planos físico y espiritual, tenemos una habilidad innata para comunicarnos libremente de acá para allá como si estuviéramos conectados por medio de líneas telefónicas.

Algunas personas sienten que sus seres queridos fallecidos los visitan frecuentemente y pueden percibir su presencia, porque su energía es fácil de reconocer. Usted conoce a su tío Herbert, y si él viene a visitarlo, ya sea en el plano físico, en un cuerpo, o en el plano espiritual, como espíritu, usted sabrá con certeza que era él y nadie podrá convencerlo de lo contrario.

A veces nuestros seres queridos fallecidos nos visitan durante el día y, en otras ocasiones, deciden visitarnos en nuestros sueños. La relación que tenemos con ellos puede continuar si trabajamos para mantener una comunicación directa. La canalización nos ayuda a ser partícipes activos en las relaciones con aquéllos que están en el cielo.

Muchos de nosotros hemos tenido experiencias con seres queridos fallecidos que han establecido contacto con nosotros, ya sea hablándonos, tocándonos o inclusive físicamente moviendo objetos. Una vez que usted se recupera de la sorpresa inicial de volver a "ver" al tío Herbert, puede ser extraordinariamente reconfortante saber que él está bien y que quiere mantener una relación con usted.

Las visitas en forma de espíritu de un ser querido fallecido ocurren frecuentemente, así que el suceso no debe escandalizarnos ni asustarnos. Muchas personas que viven esta experiencia quedan fascinadas con este fenómeno y comentan abiertamente sus experiencias con fe y convicción.

En muchas ocasiones, los seres queridos fallecidos nos visitan para darnos información que nos protegerá o nos traerá felicidad y salud. Definitivamente, lo que más nos conviene es estar abiertos y dispuestos a recibir estas visitas.

Estoy convencida de que todas las personas tienen alguna forma de contacto con seres fallecidos, pero es posible que no estén conscientes de esto si están cerrados, bloqueados o si son incrédulos.

Aunque es posible que el tío Herbert lo pueda contactar aquí en el plano físico, es igualmente posible que usted inicie contacto con él en el plano espiritual. Muchas veces hago esto en mi oficina para los clientes que sienten miedo o se muestran escépticos.

El proceso de canalización es una manera fácil de entablar comunicación directa y de dos sentidos con aquéllos que están en el plano espiritual. Al desarrollar la habilidad de hablar con sus Ángeles de la guarda, también adquirirá destrezas de comunicación que le permitirán establecer contacto con su tío Herbert. Ya no tiene que esperar que *él* lo contacte a *usted*.

Además de la comunicación con sus Ángeles de la guarda y sus seres queridos que han fallecido, su habilidad de canalización le permitirá establecer contacto con otros seres del plano espiritual que estarán disponibles para hablar con usted.

Frecuentemente me preguntan sobre la apariencia de los Ángeles y otros seres espirituales cuando practico la canalización con ellos, ya que no tienen cuerpo físico. Muchas veces se me aparecen con la misma apariencia que tenían en su última vida. Es interesante y difícil para mí describirle la apariencia de un ser espiritual a mis clientes, que a veces se presentan con peinados, vestimentas, joyas y objetos de otras épocas, y hasta fragancias que usaban. Marilyn Monroe es uno de los Ángeles de uno de mis clientes masculinos y cada vez que tenemos una sesión privada, la fragancia de Marilyn, Chanel. No. 5, impregna toda mi oficina.

¿Podrá establecer contacto con cualquier individuo que elija del otro plano? No, no siempre. Si el ser espiritual ya ha regresado al plano físico y ahora existe aquí con un cuerpo físico como nosotros, será imposible comunicarse con él. Si un ser espiritual no es uno de sus Ángeles de la guarda y no es un ser querido que ha fallecido, puede que esté ocupado en otras labores y le puede pedir que lo contacte en otro momento. En términos generales, he tenido gran éxito comunicándome con seres espirituales y he descubierto que muchas veces están disponibles para hablar con los que estamos en el plano físico.

¿Por qué Debería Aprender a Canalizar?

Aprender a canalizar le abrirá puertas intuitivas, lo liberará de limitaciones autoimpuestas y le expandirá sus horizontes espirituales a un grado tal que jamás ha soñado.

Al considerar las ventajas lógicas y pragmáticas de desarrollar esta habilidad para comunicarse con sus Ángeles, usted descubrirá los beneficios inesperados de esta nueva información, que tendrán un gran impacto en su vida cotidiana.

Sus Ángeles lo Pueden Proteger Contra Actos de Violencia Física

Una de las funciones cotidianas más importantes de sus Ángeles de la guarda es protegerlo a usted y a su familia contra la violencia física.

Ya sea que usted viva en medio de una ciudad muy congestionada, un área rural o un pueblo pequeño, hoy existe la posibilidad de que usted sea la víctima de un crimen violento. Es su responsabilidad personal aprender a protegerse y proteger a su familia.

Muchas personas se están "armando" para poder responder a confrontaciones violentas dentro y fuera de su hogar. Las ventas de ruidosas alarmas, gases lacrimógenos, armas de fuego, cuchillos y otros objetos punzantes están aumentando; sin embargo, muchas veces el comprador descubre que estos métodos de protección hacen muy poco por su seguridad y pueden ser usados en su contra por el criminal.

Una verdadera herramienta de seguridad es aquélla que sirve para prevenir o neutralizar la posibilidad de una confrontación violenta con un criminal *antes de que ocurra*. ¿No tiene más sentido usar una herramienta de seguridad que evite completamente una confrontación por medio de la prevención, en vez de reaccionar cuando ocurre?

A través del proceso de canalización, sus Ángeles de la guarda pueden darle información intuitiva de último minuto acerca de posibles peligros de su entorno inmediato. Usted ni siquiera tiene que solicitar especialmente esta información. Le será entregada como sea necesario para protegerlo a usted y a su familia.

En mis seminarios de canalización, cuando afirmo que nuestros Ángeles siempre nos protegen, me preguntan: ¿Y si los Ángeles realmente nos advierten sobre los peligros que podemos estar enfrentando, por qué somos presa de los criminales?

Siempre existen riesgos en la vida, y algunas tragedias y accidentes no pueden ser prevenidos, porque en ciertas circunstancias son planeados por el universo como experiencias de aprendizaje o señales de alerta. Sin embargo, en ocasiones, las personas son víctimas de crímenes violentos porque no están conscientes o simplemente no escuchan las advertencias de sus Ángeles.

Por ejemplo, cuando yo comencé mi práctica de canalización, trabajé en muchos casos de asesinato con la policía, investigadores privados y las familias de las víctimas. En muchas oportunidades, "vi" y "sentí" psíquicamente la voz interior de la víctima previniéndolo acerca del peligro potencial, pero él o ella desestimó los avisos psíquicos y sufrió las terribles consecuencias. Desafortunadamente, las mujeres en particular deben estar muy conscientes de su seguridad personal.

¿Cómo puede usar su habilidad de canalización para prevenir ser la víctima de crímenes violentos? Es muy sencillo. Practique la comunicación con sus Ángeles y *escuche* lo que le están diciendo.

Le contaré una historia. Hace varios años, tuve una cita con un caballero que me llevó al cine. Decidimos visitar un bello teatro nuevo que acaba de abrir en mi barrio. Después de hacer la fila para comprar pasabocas, entramos al oscuro recinto. Mi acompañante y yo escogimos las sillas y, tan pronto comenzamos a hablar, mis Ángeles me advirtieron urgentemente: "Kim, levántate y cambia de asiento inmediatamente. No mires a tu alrededor. Sólo levántate y cambia de asiento."

Esta advertencia llegó tan abruptamente que me asustó. Repitieron su consejo, sólo que esta vez sus voces estaban gritando en mi cabeza. Me levanté rápidamente y le pedí a mi confundido compañero que nos moviéramos a otra fila de asientos. Lo hicimos y las voces de los Ángeles se suavizaron pero continuaron advirtiéndome: "No mires a tu alrededor. Quédate en tu silla y no mires a tu alrededor."

Naturalmente, mi curiosidad me venció y no pude evitar voltearme. El oscuro teatro estaba casi desocupado, y volví a oír la voz de advertencia de mis Ángeles, pero era demasiado tarde. Al otro lado de la fila de asientos, exactamente donde nos habíamos sentado antes, estaba un hombre joven de aproximadamente veinticinco años, mirándome con odio y hostilidad. Su apariencia era tan siniestra, sucia y desarreglada que me sorprendí que lo hubieran admitido en el teatro. Cuando nuestras miradas se cruzaron, sentí un escalofrío desagradable.

Entonces mis Ángeles me explicaron que el hombre era el violador que había estado acosando a mujeres en el barrio. Le gustaba especialmente escoger a sus víctimas cuando salían en pareja. Seguía a su víctima y a su compañero hasta la casa de la mujer y esperaba pacientemente hasta que el compañero se fuera. Luego, usaba la fuerza para entrar a la casa de la mujer y la atacaba sexualmente.

Mis Ángeles me dijeron que no me alarmara, que ellos me protegerían. Sentí al hombre mirándome fijamente durante toda la película, pero tan pronto se terminó, se fue. Nunca lo volví a ver.

Soy una persona observadora. Realmente me asustó cuando me di cuenta de que me había sentado justo al lado de este hombre y nunca me percaté de su presencia. Yo sé que mis Ángeles ayudaron a prevenir que me convirtiera en su próxima víctima. Me protegieron de una amenaza muy real de violencia física, advirtiéndome claramente.

Desde ese momento, debido a mi trabajo con peligrosos criminales y con las familias de víctimas de crímenes, he estado en muchas situaciones que potencialmente ponían en peligro mi vida.

Mis Ángeles me han protegido con abundante información preventiva que me ha permitido escapar a situaciones peligrosas como nunca lo pude haber hecho valiéndome de armas o aparatos de seguridad. Al desarrollar habilidades de comunicación con sus Ángeles, usted estará más capacitado para recibir y usar su protección.

Sus Ángeles Pueden Aconsejarle Sobre su Salud

Otra función muy importante de los Ángeles de la guarda es darle información sobre su salud física. La información angelical sobre su salud por lo general es preventiva.

Es fundamental que escuchemos lo que nuestros Ángeles nos comunican sobre el estado de nuestro cuerpo físico.

A través de nuestros Ángeles, tenemos la oportunidad de enterarnos de ciertos problemas de salud potencialmente graves antes de que surjan los síntomas, lo que nos permitiría detener o minimizar la propagación y el progreso de la enfermedad.

En algunos casos, el conocimiento previo de un posible problema de salud haría que concentráramos toda nuestra atención en medidas preventivas años antes de que la enfermedad pudiera manifestarse.

Sus Ángeles también pueden ayudarle a entender y enfrentar relaciones difíciles, establecer y alcanzar metas personales y profesionales, eliminar obstáculos innecesarios y manifestar abundancia económica.

SEGUNDA PARTE

Cómo

Empezar

CAPÍTULO CUATRO

❧

La Técnica Paso a Paso

Ahora que ya está familiarizado con los Ángeles y es consciente de su propósito divino de trabajar con usted, finalmente está listo para aprender a comunicarse con ellos.

Este nuevo proceso de aprendizaje será tan fácil y productivo que no podrá creer que, en tan poco tiempo, se esté comunicando con sus Ángeles de la guarda.

Este sencillo proceso de nueve pasos será realmente una experiencia que cambiará su vida. La canalización con sus Ángeles le abrirá puertas que usted ni sabía que existían. Ya no estará limitado a recibir los fragmentos de información intuitiva que hasta ahora "recogía." Este proceso de desarrollar una comunicación en dos sentidos con sus ángeles es muy parecido a hablar con un amigo por teléfono. Yo me refiero a él como "conectarse."

Usted podrá llamarlos y tener acceso a la información angelical en cualquier momento del día o de la noche sin tener que depender de nadie más para proporcionársela. Le recomiendo que dedique quince minutos para su primer intento de canalización. Seguramente, no necesitará más de eso para "conectarse" exitosamente.

Muchos de mis clientes han expresado su asombro al ver lo rápidamente que empezaron a comunicarse directamente con sus Ángeles. Como seres humanos, es nuestra naturaleza hacer que todo sea más complicado y difícil de lo que verdaderamente tiene que ser. Tenga en cuenta que la canalización es un proceso completamente natural, muy parecido a respirar o dormir y, como ya aprendió en el Capítulo Dos, usted ha sido un canalizador experto desde que era un bebé. La única diferencia con esta técnica es la forma en la que usted se comunicará con sus Ángeles. La técnica de nueve pasos es la siguiente:

Primer Paso: Cómo Preparar una Conversación con sus Ángeles

Para empezar, cuando intente canalizar es necesario que busque un lugar silencioso en donde nadie lo moleste ni lo distraigan sus niños, su cónyuge, las mascotas, el radio, la televisión o el teléfono. Necesitará poder concentrarse totalmente en esta nueva forma de comunicación que está aprendiendo. También necesitará una pluma y un bloc de papel, o tal vez prefiera sentarse frente a su computadora. Una vez que tenga más experiencia hablando con sus Ángeles, tendrá la habilidad de hablar con ellos en casi cualquier lugar o ambiente.

Segundo Paso: Cómo Hacer Preguntas

Cuando inicie su comunicación de dos sentidos con sus Ángeles, su conversación será más fácil y productiva si tiene preparada una agenda o lista de preguntas. Escriba cuatro o cinco preguntas que sean prioritarias para usted. Tal vez quiera preguntar sobre sus familiares, su carrera, relaciones, salud o algún otro tema, pero asegúrese de que las preguntas sean lo más específicas posibles. Por ejemplo, la pregunta, "¿Cómo se ve mi futuro?" es muy vaga, porque sus Ángeles no sabrán a qué parte de su futuro se está refiriendo exactamente. Una mejor pregunta sería: ¿Cuán seguro es mi trabajo actual en la compañía ABC? o ¿Debo comenzar mi propia empresa?

Tercer Paso: Cómo Iniciar el Contacto

Revise su lista de preguntas, escoja la que sea más importante para usted y luego diga en voz alta: "Deseo hablar con mis Ángeles. Ésta es mi primera pregunta…"

Al comienzo es importante hablarles a sus Ángeles en voz alta para establecer en su mente que en realidad se está comunicando con alguien diferente a usted mismo; nuestra mente tiende a ser incrédula frente a cualquier cosa que no pueda ser vista o sentida tangiblemente.

Cuarto Paso: Cómo Pedir Información

Después de haber hecho su primera pregunta, guarde silencio por un momento. Usualmente usted puede esperar recibir una respuesta angelical dentro de los primeros quince a veinte segundos.

Quinto Paso: Cómo Recibir la Respuesta Angelical

Tal y como si estuviera hablando por teléfono con un amigo, experimentará una respuesta puntual de sus Ángeles que se estarán comunicando con usted en una de las tres formas discutidas en el Capítulo Dos:

1. *Autoconciencia,* que es la forma más común de comunicación angelical. Éste es el proceso en el que información intuitiva de repente "llega" a su cabeza. Después de hacer la primera pregunta, seguramente recibirá una respuesta angelical que se sentirá como un "instinto." Será muy suave y sutil, y no tendrá que esforzarse para recibirla. La respuesta a su primera pregunta puede que simplemente "aparezca" en su cabeza.

2. Otra forma en la que puede recibir la respuesta angelical es *escuchando la voz* del Ángel que le habla a usted directamente. Cuando haga su primera pregunta, podrá oír una voz suave que le da la respuesta. La mayoría de las veces, las personas oyen la voz de sus Ángeles mientras duermen, pero también puede ocurrir durante la vigilia.

3. Los Ángeles también escogen comunicarse con nosotros a través de imágenes visuales que vemos mentalmente. Aunque esto usualmente ocurre mientras dormimos, la misma sensación de recibir información intuitiva puede suceder mientras estamos despiertos.

Por ejemplo: Una madre está limpiando la cocina después de una cena familiar. Mientras termina esta labor, les pregunta a sus Ángeles sobre la seguridad y bienestar de sus hijos. Dice en voz alta: "¿Está Jennifer, mi hija más joven, libre de peligros en este momento?"

A pesar de que la madre está viendo una pila de platos sucios, de repente recibe un relámpago de información intuitiva, que puede ver mentalmente, como respuesta a su pregunta. La madre físicamente "presencia" cómo su hija más joven persigue un balón hasta la calle frente a una casa. Un auto a alta velocidad se dirige hacia la niña y segundos más tarde ocurre un terrible accidente. En un momento de pánico, la madre deja caer el limpión, corre hacia el lugar donde "presenció" el accidente y saca a la niña de la calle justo en el momento en el que el auto se aproxima.

En mis seminarios sobre los Ángeles, he descubierto que la mayoría de las personas reciben información angelical a través de los tres métodos de comunicación. Sin embargo, existen ocasiones en que se recibe más información de los Ángeles a través de la autoconciencia, o escuchando su voz o por medio de imágenes visuales. Sus Ángeles decidirán que método de comunicación es más apropiado según sus necesidades a medida que aumenta su habilidad para canalizar y continúa construyendo su base espiritual de sabiduría, iluminación y madurez.

Sexto Paso: Cómo Recibir Confirmación

¡Este paso es el más emocionante! Ya hizo su pregunta específica. "¿Debería empezar mi propia empresa?" Ha esperado varios meses para recibir alguna respuesta. De repente, experimenta un bombardeo de información que lo hace sentir como si estuviera pensando o hablándose a sí mismo:

"Sí, debería empezar su propia empresa. Éste ha sido su sueño por muchos años. ¡Y es el momento perfecto! Si empieza una empresa de consultaría, tendrá felicidad y seguridad financiera y sentirá que logró cumplir sus metas.

Su compañera de universidad acaba de mudarse a esta ciudad. Llámela; ella sería una excelente socia. Podría aportar el capital inicial. Necesita empezar su negocio tan pronto como sea posible, no sólo porque es su sueño, sino porque cada día que pasa usted se siente peor en su trabajo actual. Y el hecho es que no recibirá el asenso y el aumento de sueldo que esperaba recibir en febrero…"

A estas alturas, le garantizo que su cerebro hará todo lo posible por negar que esta información proviene de un Ángel. Hasta que no adquiera más experiencia, y hasta que comunicarse con sus Ángeles se convierta en algo tan natural como respirar y dormir, usted dudará de todo. Espere que suceda y esté preparado. Pregúntese: "¿Cómo pude haber sabido que mi compañera de universidad se mudó a mi cuidad? Y no he empezado mi propio negocio por tanto tiempo porque no sabía exactamente qué tipo de empresa montar. ¡Nunca había pensado en una empresa de consultaría! ¿Y cómo hubiera podido predecir que no me considerarían para el aumento y el asenso que yo esperaba?"

Pregúntese cómo es posible que usted se hubiera enterado de todo eso por su propia cuenta. No hubiera podido. Sería humanamente imposible.

Aunque se asegure a sí mismo que no es posible que hubiera adquirido conciencia de las respuestas sin ayuda angelical, probablemente su cerebro seguirá en estado de negación.

Usted le ha hecho una pregunta específica a su Ángel y ha recibido una respuesta. Ahora para confirmar que de hecho está hablando con alguien más que usted mismo, pregúntele ahora: "¿Es usted verdaderamente uno de mis Ángeles?"

Séptimo Paso: La Conexión

Sus Ángeles volverán a hablar con usted y le confirmarán su presencia. Su respuesta puede llegar en la forma de una ráfaga de información con una sensación parecida a la de estar pensando o hablándose a usted mismo: "Sí, somos sus Ángeles. Estamos felices de hablar con usted de esta manera. Tenemos tanta información para darle…"

Ahora usted está "conectado." De ahora en adelante, usted tendrá la habilidad de acceder a la información angelical cuando la necesite. Ha creado una comunicación en dos sentidos con sus Ángeles.

Nota: Si usted siente que no está recibiendo ninguna información de sus Ángeles y el silencio es ensordecedor, siga practicando y tendrá éxito con la "conexión." Al comienzo, la comunicación de sus Ángeles parecerá suave y sutil. No espere que le peguen en la cabeza con un sartén. A medida que practique sus habilidades de comunicación con sus Ángeles, sus voces serán más fuertes.

En todos los años en los que he enseñado a canalizar, nunca nadie se ha quejado de tener problemas por largo tiempo para aprender a comunicarse con sus Ángeles. La mayoría de las personas me dicen que lograron la "conexión" en su primer o segundo intento. Recuerde, la canalización es tanto un don innato como una habilidad aprendida.

Una buena parte de la confianza en su habilidad para hablar con sus Ángeles se deriva de conocerlos mejor. Construirá relaciones de mutua confianza y apoyo, tal y como desarrollaría relaciones con sus amigos en el plano físico. Y recuerde: sus Ángeles están enterados de cosas que usted no tendría forma de saber. Con cada conversación que tenga con sus Ángeles, sus dudas disminuirán hasta desaparecer completamente, y podrá tener relaciones angelicales que le darán resultados espectaculares.

Octavo paso: Cómo Entablar una Relación con sus Ángeles

La información que recibirá de sus Ángeles no tiene límites. Una vez "conectado," dígales a sus Ángeles que se presenten y que le describan detalladamente qué propósito los anima a trabajar con usted. La relación más productiva que puede desarrollar con sus Ángeles será el resultado de conocerse y de fortalecer su confianza por medio de la comunicación.

Noveno Paso: ¡Práctica! ¡Práctica! ¡Práctica!

Para construir y desarrollar la relación con sus Ángeles, es absolutamente necesario practicar sus destrezas de comunicación por lo menos una vez por semana por un período de quince minutos. Si desea dedicar más tiempo a hablar con sus Ángeles, es aun mejor.

Después de haberse conectado, cuanto más tiempo practique, más fácilmente tendrá acceso a la información angelical. También descubrirá lo precisa y específica que puede ser su información angelical. La canalización se volverá un proceso muy natural. Otra forma de practicar sus destrezas de comunicación con sus Ángeles es sugerirles a familiares y a amigos interesados en asuntos espirituales, que usted estaría dispuesto a preguntarles a sus Ángeles cosas que ellos deseen saber. Se sorprenderá de la abundancia de conocimiento que usted tendrá la oportunidad de darles gracias a sus ángeles.

Formular las Preguntas Correctas

Ahora que ya ha aprendido a comunicarse con sus Ángeles, el siguiente paso importante es aprender a formular las preguntas correctas. Eso le ayudará a tener acceso a tanta información como sea posible para que pueda tomar decisiones inteligentes y provechosas.

Usualmente, los Ángeles se abstienen de darnos información a la fuerza; su filosofía cuando trabajan con nosotros es de respeto paciente. Ellos esperarán hasta que tengamos la conciencia y la madurez para pensar y formular ciertas preguntas antes de que ofrecernos voluntariamente la información.

Es decir, si un niño de seis años se le acerca y le pregunta que de dónde vienen los bebés, usted le daría una respuesta que fuera apropiada y entendible para alguien de su edad. Si un joven de trece años se le acercara, la respuesta que le daría sería completamente diferente pero, en todo caso, de acuerdo con su nivel de madurez. Nuestros Ángeles trabajan con nosotros del mismo modo.

Por ejemplo: Usted se ha enamorado de una persona que nunca ha expresado ningún interés en casarse. La primera pregunta que se le ocurre para preguntarles a sus Ángeles probablemente sea: "¿Algún día esta persona querrá casarse conmigo?"

Preguntas adicionales y más importantes serían: "¿Sería feliz y me sentiría realizado si me casara con esta persona? ¿Duraría nuestro matrimonio? ¿Esta persona sería un buen padre (madre)?"

Otro ejemplo: Usted es muy infeliz en el lugar donde trabaja y se ha estado sintiendo inseguro por su estabilidad laboral. Probablemente, la primera pregunta que se le ocurriría hacerles a sus Ángeles sería: "¿Me van a despedir?"

Por supuesto que ésa es una pregunta muy importante, pero la respuesta, por sí sola, no será muy iluminadora. Las preguntas más importantes son: "¿Dónde será mi próxima oportunidad laboral?" "¿Qué tengo que hacer para que esto suceda?" "¿Cómo sobreviviré financieramente?"

Tuve que alcanzar cierto grado de iluminación para aprender a formular preguntas como ésas. He desarrollado estas preguntas a través de la experiencia que he adquirido presentando numerosos seminarios sobre comunicación con los Ángeles, así como mediante la realización de miles de sesiones de canalización durante nueve años.

Su vida personal

Una Nueva Relación

¡Felicitaciones! Acaba de conocer a una persona cautivadora y hay chispas en el ambiente. Pero antes de que se lance con entusiasmo a lo desconocido, tal vez con el riesgo de desperdiciar su precioso tiempo y su energía, usted necesita preguntarles a sus Ángeles por el futuro potencial de la relación.

Todos queremos evitar enamorarnos de la persona equivocada—alguien que podría traer infelicidad o caos a nuestra vida. Pasar por una relación personal difícil puede ser extremadamente frustrante, fastidioso, distrayente y, en ocasiones, traumático.

Al inicio de una nueva relación, sus Ángeles pueden hacerle tomar conciencia de por qué una persona ha entrado en su vida, qué propósito cumple y por cuánto tiempo está destinada esa persona a estar con usted.

Cuando usted entiende la dinámica y el propósito que hay tras una nueva relación, es mucho más fácil hacerla avanzar. Usted tendrá conciencia absoluta de lo que es o no posible en la relación.

Recomiendo mucho que considere formular algunas o todas de las siguientes preguntas. Esta persona:

- ¿Es mi príncipe azul o la mujer de mi vida? ¿O es otra dura experiencia de aprendizaje?

- ¿Es soltero(a)?

- ¿Está seguro(a) de su preferencia sexual?

- ¿Es sexualmente compatible conmigo?

- ¿Está luchando con algún dilema por resolver?

- ¿Está avanzando a la misma velocidad que yo?

- ¿Sufre de alguna adicción?

- ¿Tiene algún problema grave de salud?

- ¿Es confiable, generoso(a), dispuesto(a) a comprometerse y abierto(a) a nuevas ideas?

- ¿Es calido(a), acogedor, cariñoso(a) y amoroso(a)?

- ¿Es amable, compasivo(a) y evita juzgar a los demás?

- ¿Es controlador(a) o manipulador(a)?

- ¿Es buen oyente, capaz de expresar sus emociones y comunicativo(a)?

- ¿Es físicamente o verbalmente abusivo(a)?

- ¿Es monógamo(a) y leal?

- ¿Es divertido(a) y despreocupado(a)?

- ¿Tiene una buena relación con sus hijos, familiares, amigos y compañeros de trabajo?

- ¿Está dispuesto(a) a desarrollar una relación positiva con mis hijos, familiares, hermanos, amigos y colegas de trabajo?

- ¿Es de una familia con la cual yo me llevaría bien (por ejemplo, hijos, ex cónyuge y padres)?

- ¿Está dispuesto(a) a darle una alta prioridad a nuestra relación?

- ¿Es capaz de cumplir los compromisos y las promesas que me hace?

- ¿Es capaz de aprovechar las situaciones que le permitirán alcanzar su máximo potencial?

- ¿Está dispuesto(a) a casarse y tener una relación duradera?

- ¿Es un(a) buen(a) compañero(a) potencial?

- ¿Está abierto(a) a tener hijos? ¿Embarazos sanos? ¿Cuántos? ¿Cuándo? ¿Niños? ¿Niñas?

- ¿Será un(a) buen(a) padre/madre?

- ¿Tenemos valores y estilos de vida similares?

- ¿Está comprometido con su carrera y es capaz de alcanzar metas financieras?

- ¿Es una persona que da o que quita?

- ¿Es estable, maduro(a) y coherente?

- ¿Es inteligente y culto(a)?

- ¿Es similar a mí espiritualmente?

Una Relación Actual

Usted ha estado con su pareja durante algún tiempo y siente curiosidad por el futuro. Ciertos problemas en la relación pueden haber ocasionado una creciente insatisfacción. Quizás tiene una muy buena relación, pero existen obstáculos emocionales o físicos que deben ser superados. Necesita información sobre qué puede pasar si continúa la relación e, igualmente importante, necesita información sobre qué puede encontrarse si termina la relación.

Desafortunadamente, algunas relaciones, sin importar lo que se haga por cambiarlas, están destinadas a ser difíciles. Me refiero a ellas como *experiencias de aprendizaje.* Ya sea una relación personal o profesional, la persona entró en su vida por una razón—enseñarle sobre algún asunto de su agenda espiritual.

Antes de hartarse de todo el proceso, entienda que usted cumple la misma función de aprendizaje para otra persona. Funciona en ambos sentidos.

Hay buenas noticias sobre las relaciones que son experiencias de aprendizaje. Usted no está atrapado o metido en ellas sin posibilidad de salir, aunque pueda parecerlo así en el momento. La clave para resolver relaciones difíciles es aprender sobre el asunto en cuestión y resolverlo tan pronto como sea posible. Esto le dará la libertad de abandonar la relación y construir una vida más feliz.

Debe preguntarles a sus Ángeles *exactamente* cuáles son los problemas que está resolviendo con su pareja actual, porque si no está seguro de cuáles son, puede que cometa el error de terminar prematuramente la relación.

Es por eso que tantos hombres y mujeres terminan repitiendo patrones destructivos en sus relaciones. Abandonan a una persona demasiado pronto y se unen con otra que repite los mismos patrones.

El universo nos pondrá relaciones difíciles en el camino hasta que finalmente aprendarnos de ellas y resolvamos nuestros problemas.

Cuando sus Ángeles le hayan explicado exactamente

qué problemas debe resolver con su pareja, también le comunicarán qué hacer para solucionarlos más rápido.

Finalmente, sus Ángeles le darán un informe sobre su progreso. Serán los primeros en felicitarlo por la resolución de un problema, lo que quiere decir que usted ha terminado con el proceso de aprendizaje y está listo para seguir adelante.

Las respuestas a las siguientes preguntas aclararán cualquier confusión que usted tenga acerca de su relación actual y lo ayudarán en su toma de decisiones. Mi pareja:

- ¿Está enamorada de mí? ¿Yo lo(a) amo a él (ella)?
- ¿Es una buena opción para mí en este momento?
- ¿Es un(a) buen(a) padre/madre?
- ¿Es feliz con nuestra vida? ¿Soy feliz? ¿Por qué?
- ¿Puede cambiar? ¿Cuándo? ¿Cómo?
- ¿Está destinado(a) a estar en mi vida como una relación satisfactoria a largo plazo o es una experiencia de aprendizaje a corto plazo?
- ¿Está solucionando sus problemas? ¿Los solucionará algún día?
- ¿Está cumpliendo los compromisos que tiene conmigo? ¿Con sus hijos?
- ¿Está dispuesto(a) a ir a terapia o hablar con un consejero si es necesario? ¿Sería beneficioso asistir a terapia de pareja?
- ¿Me considera su primera prioridad?
- ¿Me comunica sus emociones?
- ¿Me trata con respeto?
- ¿Es capaz de cumplir sus promesas?

- ¿Es capaz de administrar bien sus finanzas?
- ¿Es fiel?
- ¿Es honesto(a) y sincero(a) conmigo?
- ¿Está interesado(a) en continuar la relación?

También pregúnteles a sus Ángeles:

- Si me quedo, ¿la relación mejorará? ¿De qué modo mejorará? ¿Cuáles son las probabilidades de que la relación se convierta verbal o físicamente abusiva?
- Inicialmente, ¿por qué nos sentimos atraídos el uno por el otro?
- ¿Cuáles se suponen que son nuestras experiencias de aprendizaje?
- ¿Ya logramos todo lo que teníamos que lograr en la relación?
- Mi pareja ha sido abusiva. ¿Por qué no puedo sacarla de mi sistema?
- ¿Mi pareja y yo deberíamos separarnos y divorciarnos?
- ¿Cómo reaccionará mi pareja si yo quiero terminar la relación?
- ¿Cómo reaccionarán los niños si nos divorciamos?
- Si mi pareja reacciona violentamente, ¿cuál es la mejor manera de protegerme? ¿Cuál es la mejor manera de proteger a los niños? ¿Cómo y cuándo debo abandonar el matrimonio?
- ¿Debo quedarme en la casa o irme?
- ¿A dónde debo ir?
- ¿Necesitaré una orden de restricción o de protección?

- ¿Cómo puedo encontrar un buen abogado?
- ¿Cuánto tardaré en conseguir el divorcio?
- ¿Por qué siento tanto miedo de terminar esta relación?
- ¿Mi futuro ex cónyuge pagará la manutención de los niños? ¿Puedo contar con que llegará puntualmente?
- ¿Cómo puedo mantenerme a mí mismo(a) y a mis hijos?
- ¿Mi pareja debería continuar su relación con sus hijos?
- ¿Mis hijos querrán continuar una relación con su padre/madre?

Una Futura Relación

En este momento usted no tiene a nadie especial en su vida y se pregunta si está destinado a estar solo(a). ¡Aunque no tenga planes inmediatos de tener una relación seria, eso no significa que nunca encontrará a la pareja perfecta!

Sus Ángeles le pueden dar información que haga que la espera sea menos frustrante. Además, sus Ángeles pueden ayudarle a construir y continuar relaciones provechosas mientras lo(a) guían y lo(a) protegen de relaciones insatisfactorias o poco productivas. Éstas son algunas de las preguntas que puede formularles a sus Ángeles:

- ¿Encontraré a mi príncipe azul/princesa encantada? ¿Cuándo?
- ¿Qué puedo hacer con la soledad mientras esta persona llega a mi vida?

- ¿Debería salir con alguien que sé que no es la persona indicada?

- ¿Ya conozco a esa persona especial?

- Si no la conozco, ¿cómo nos conoceremos? ¿Dónde?

- ¿Cómo es físicamente esa persona (color de los ojos, color del pelo, altura, edad, etc.)?

- ¿Me sentiré inmediatamente atraída(o) hacia esta persona?

- ¿Esta persona se sentirá inmediatamente atraída hacia mí?

- ¿A qué se dedica esta persona?

- ¿Dónde vive?

- ¿Cuáles son sus antecedentes matrimoniales?

- ¿Tiene hijos? ¿Cuántos? ¿Qué edades tienen?

- ¿Es educada, madura y amorosa? ¿Cumple con todos mis estándares? ¿Cómo?

- ¿Qué haremos en nuestra primera cita?

- ¿Cuándo nos convertiremos en una "pareja"?

- ¿Nos casaremos?

- ¿Tendremos hijos?

- ¿Dónde viviremos?

- ¿De alguna manera estoy haciendo que el proceso de encontrar a esta persona sea más lento? ¿Hay algo que deba resolver antes de que pueda conocer a esta persona?

- ¿Cómo sabré que esta persona es la indicada?

- ¿Esta persona está preparada para consolidar la relación?

- ¿Me gustará su familia?

Embarazo

En mis sesiones privadas de canalización, cuando mis clientes me preguntan por sus relaciones, el embarazo es uno de los temas más comunes. De acuerdo con su edad, estilo de vida, pareja y una serie de variables, quizás desee ansiosamente tener un bebé en este momento o tal vez quiera evitar un embarazo. La siguiente lista de preguntas le dará una gran cantidad de información intuitiva.

Si Usted Está Considerando un Embarazo

- ¿Seré un(a) buen(a) padre/madre?
- ¿Mi pareja será un(a) buen(a) padre/madre?
- ¿En qué medida compartiríamos las responsabilidades?
- ¿Quiero este tipo de vínculo para toda la vida con mi pareja actual?
- ¿Sería bueno para mí esperar antes de embarazarme? ¿Por qué? ¿Por cuánto tiempo?
- ¿Mi pareja está lista para la paternidad/maternidad? ¿Estaría entusiasmado(a) por el embarazo?
- ¿Cuánto tardaré en quedar embarazada?
- ¿Tengo algún problema físico que me impida o retarde la concepción?
- Si lo tengo, ¿cuál es el problema y, si es el caso, qué puedo hacer para corregirlo?
- ¿Tendré un embarazo sano?
- ¿Hay alguna recomendación para sobre dieta, ejercicio, descanso, reducción de estrés, etc., que podría hacer más saludable y cómodo mi embarazo?

- ¿Cuándo daré a luz?

- ¿Qué podré esperar de este parto en particular?

- ¿Tendré alguna complicación después del nacimiento de mi hijo(a)?

- ¿Tengo el doctor apropiado para mí?

- Si no es así, ¿dónde puedo encontrar un mejor doctor (recomendación de un amigo o de un doctor en quien confío)?

- ¿Cuál será el sexo de mi hijo(a)?

- ¿Será un nacimiento múltiple?

- ¿Será sano mi hijo(a)?

- Si no puedo quedar embarazada por algún problema de salud mío o de mi pareja, ¿cuáles son las mejores alternativas? ¿Inseminación artificial? ¿Una madre sustituta? ¿Adopción?

- Si escojo la adopción, ¿cuál es la mejor agencia para mí?

- Si adopto, ¿tendré algún problema con la madre o el padre biológico? ¿Querrá la custodia del niño(a)?

- ¿Necesito a un abogado para que me ayude a buscar? Si es así, ¿quién sería el mejor abogado para mí?

- ¿Cuáles serán las comidas, colores, juguetes y música preferidos de mi hijo(a)?

- ¿Qué habilidades y talentos especiales tendrá de mi hijo(a)?

- ¿Cuál es la mejor manera en la que puedo criar y guiar a mi hijo(a) para que alcance su potencial?

Si Usted No Está Considerando un Embarazo

- ¿He comunicado claramente mis sentimientos sobre un embarazo a mi pareja?
- ¿Estoy embarazada en este momento?
- ¿Estoy usando el método anticonceptivo más efectivo?
- ¿Existe un método anticonceptivo mejor que debería considerar para prevenir un embarazo?
- ¿Estoy protegiéndome totalmente en contra de enfermedades de transmisión sexual?
- ¿Qué sería lo mejor para mí si accidentalmente quedo embarazada?

Su Vida Profesional

¿Hacia Dónde se Dirige?

Cuando tengo sesiones privadas en mi oficina, mis clientes hacen una pregunta más que cualquier otra. Se preocupan porque se sienten perdidos en cuanto a la dirección que debe tomar su vida. No tienen ni idea de cuál es su propósito en la vida ni dónde ni cómo encontrarlo.

No se han propuesto metas y, por lo tanto, no pueden avanzar en la vida. Para la mayoría de las personas, ésa es una idea muy deprimente y que las paraliza emocionalmente.

Por ejemplo, si usted realmente creyera que nunca va a lograr más de lo que ha logrado hasta ahora, y que nunca va a tener la oportunidad de crear o construir nada más, probablemente le darían ganas de tirarse por una ventana.

Si no escoge y se propone metas personales y profesiones para su vida, y si no trabaja todos los días para conseguirlas, su vida se quedará exactamente donde está en este momento.

Imagínese cómo será su vida en diez años. ¿Quiere estar en el mismo lugar en su vida personal? ¿Quiere estar exactamente donde se encuentra en este momento en su vida profesional?

Seguramente contestó: "¡Definitivamento no!" a las dos preguntas. Si fue así, necesita tomar algunas decisiones sobre lo que quiere lograr el próximo año y el que sigue, y el que vendrá después.

Sólo usted tiene la clave para crear cualquier estilo de vida que desee. Le garantizo que la calidad de su vida no mejorará si se sienta a esperar a sentirse realizado y exitoso por medio de los esfuerzos de su pareja, sus padres, hijos, amigos o colegas de trabajo. Usted puede crear la oportunidad para mejorar y avanzar en su vida sólo si establece metas apropiadas para usted y trabaja para lograrlas.

¿Cómo pueden ayudarle sus Ángeles a establecer y trabajar por sus metas? Sus Ángeles le pueden dar toda la información que usted necesita saber sobre el trabajo de su vida y sobre cuándo tendrá la oportunidad de conseguirlo.

Si su propósito especial en la vida está relacionado con un tipo de trabajo en el que usted no tiene mucha experiencia, sus Ángeles le explicarán cómo adquirir la experiencia y pericia necesarios para lograr el éxito. También le dirán qué puede esperar en términos de satisfacción, logros y recompensas económicas.

Su Trabajo Actual

- Inesperadamente fui despedido de mi último trabajo y no creo en la razón que me dieron. ¿Qué pasó?

- ¿Existe algún riesgo de que me despidan de mi trabajo actual?

- ¿Qué posibilidades hay de aumentar mis ingresos? ¿Privilegios adicionales o beneficios?

- ¿Me ofrecerán un ascenso? ¿Puedo ascender dentro de la misma compañía?

- Si logro un ascenso, ¿me gustará mi nuevo trabajo?

- ¿Por cuánto tiempo me sentiré satisfecho y realizado trabajando en esta compañía?

- ¿Mis esfuerzos son apreciados y reconocidos?

- ¿Mi jefe está satisfecho con mi rendimiento? Si no es así, ¿qué se puede mejorar?

- ¿Mis relaciones con mis compañeros de trabajo son positivas? Si no es así, ¿por qué estoy sintiendo fricción o confusión? ¿Qué puedo hacer al respecto?

- ¡Detesto mi trabajo! ¿Debo renunciar?

- Si me quedo, ¿mejorará el ambiente laboral? ¿Cómo? ¿Por qué? ¿En cuánto tiempo?

- ¿Cuándo debería irme? ¿Para ir a dónde?

- ¿Qué tipo de trabajo es el más apropiado para mí ahora? ¿Cómo conseguiré el nuevo empleo? ¿Con una agencia de empleos? ¿Usando mis contactos? ¿Avisos clasificados?

- ¿Me irá mejor económicamente en la nueva compañía?

- ¿Realmente me gustará mi nuevo empleo?

- ¿Me agradará y respetaré a mi nuevo jefe?

- ¿Me agradarán mis nuevos colegas?
- ¿Será estable mi nuevo empleo? ¿Cuánto tiempo trabajaré allí?

Comenzar Su Propia Empresa

- ¿Es éste el momento apropiado para comenzar mi propia empresa?
- ¿Seré feliz con toda la responsabilidad?
- ¿Seré un buen jefe?
- ¿Debo vender un producto o un servicio?
- ¿Cómo puedo posicionar efectivamente mi producto/servicio en el mercado? ¿Con pedidos por correo? ¿Televisión? ¿Radio? ¿Periódico? ¿Contactos?
- ¿Debo tener un socio? ¿Quién?
- ¿Dónde conseguiré mi capital inicial?
- ¿Cómo debo establecer legalmente mi negocio? ¿Debo constituir una sociedad?
- ¿Seré más feliz o más exitoso comprando una franquicia?
- ¿Tengo un abogado de negocios capaz? Si no lo tengo, ¿dónde puedo encontrarlo?
- ¿Tengo un contador ético e instruido? Si no lo tengo, ¿dónde puedo encontrarlo?
- ¿Dónde debo buscar un espacio para mi oficina?
- ¿Cómo atraeré empleados estables y competentes?
- ¿Cómo mantendré empleados estables y competentes?
- ¿Cómo debo compensar a mis empleados?
- ¿Cuánto dinero puedo producir el primer año? ¿El segundo año?

- Mi antiguo colega de trabajo/compañero de universidad/cuñado/vecino/mejor amigo/estilista etc., me propuso ser su socio. ¿Tendríamos una buena relación? ¿El/ella cumpliría con todas sus obligaciones? ¿Esta persona cumpliría sus compromisos conmigo?

- ¿Lograremos estabilidad financiera?

- ¿Cuánto duraría el negocio? ¿Cuánto duraría la sociedad? ¿Cuánto duraría la amistad?

Usted ya Tiene Su Propio Negocio

- Tengo mi propio negocio. ¿Cuán seguro está mi negocio?

- ¿Tengo una buena relación con mi socio?

- ¿Estoy asumiendo un nivel justo de responsabilidad?

- ¿Mi socio está asumiendo un nivel justo de responsabilidad?

- ¿Soy un buen jefe?

- ¿Mis empleados están felices y son productivos?

- ¿Tengo un abogado de negocios capaz? Si no lo tengo, ¿dónde puedo encontrarlo?

- ¿Tengo un contador ético e instruido? Si no lo tengo, ¿dónde puedo encontrarlo?

- ¿La situación financiera de la empresa permanecerá como está ahora? ¿Por cuánto tiempo?

- ¿Estoy completamente enterado de todas las cuentas por pagar y de las entregas? ¿Los impuestos se están pagando a tiempo?

- ¿Cuáles son las mejores oportunidades para mi compañía?

- ¿Hacia dónde se dirige mi empresa?
- ¿Debo explorar oportunidades para fusionar mi compañía con otra? ¿Dónde y cómo encontraré una compañía ideal para la fusión?
- ¿Debo expandir los productos y/o servicios que ya ofrece mi compañía?
- Si éste es el caso, ¿qué tipo de productos o servicios?
- ¿La compañía se expandirá? ¿Cuándo sucederá?
- ¿Necesitaré más empleados? ¿Cuántos? ¿Dónde los conseguiré?
- ¿Tendré que cambiar la empresa de lugar?
- ¿Cuál sería el mejor lugar para ubicarla? ¿Este nuevo local me ofrecerá espacio para expansión en el futuro?

Sus Finanzas

Financieramente, sus Ángeles pueden aconsejarle sobre cómo ahorrar dinero y sobre los recursos de inversión que le serán más provechosos y le darán resultados más sustanciales.

Más importante aún, sus Ángeles también pueden prevenirlo frente a una situación financiera potencialmente desastrosa que pudiera agotar sus ahorros o ser un peso económico durante años.

- ¿Mi actual situación financiera permanecerá como está? ¿Qué puedo hacer para mejorarla?
- ¿Me llegará el dinero de una fuente externa? ¿Herencia? ¿Acuerdo legal?

- ¿Me enfrentaré a un suceso o una serie de circunstancias que puedan agotar mis recursos financieros o ser devastadoras económicamente?

- ¿Qué puedo hacer, si es posible, para prevenir o neutralizar el efecto de estos sucesos?

- ¿Si compro una casa (o un auto, antigüedades, joyas, acciones, colegio privado para los niños, cirugía plástica, un viaje alrededor del mundo, etc.) me llevará a la bancarrota o a una condición financiera difícil?

- ¿Algún día tendré la estabilidad financiera para comprar una casa (o un auto, antigüedades, etc.)? ¿Cuándo? ¿Cómo?

- ¿Tengo un abogado capaz? Si no lo tengo, ¿dónde puedo encontrarlo?

- ¿Estoy entregando un informe anual de impuestos correcto al Internal Revenue Service?

- ¿Tengo un contador ético e instruido? Si no lo tengo, ¿dónde puedo encontrarlo?

- ¿Mi seguro me protege y cubre todas mis necesidades?

- ¿Tengo actualizado mi testamento? ¿Lo tiene también mi pareja?

- ¿Necesito un acuerdo prenupcial con mi futuro cónyuge?

- He descubierto que mi pareja está sacando dinero de nuestra cuenta bancaria, ¿qué puedo hacer para protegerme financieramente?

- Mi pareja y yo siempre peleamos por la manera en la que gastamos el dinero. ¿Qué puedo hacer para poner fin a estas disputas?

- Estoy en medio de un divorcio complicado. ¿Qué debo hacer para protegerme financieramente?

- Mi pareja y yo somos buenos amigos y estamos divorciándonos amigablemente. ¿Qué debo hacer para protegerme financieramente?

- Tengo una nueva relación y mi nueva pareja quiere abrir una cuenta conjunta, tener un fondo común de dinero y compartir una chequera. ¿Eso es lo mejor para mí? Si decido hacerlo, ¿cuál de los dos debe encargarse del pago de las cuentas y controlar la chequera?

- Mi cuñado quiere que yo invierta en su nueva compañía a cambio de acciones. ¿Debería hacerlo? ¿Qué tipo de ganancias recibiré por mi inversión? ¿Perderé mi inversión? ¿Puedo asumir esa posible pérdida? Si no es así, ¿cómo puedo decirle que no?

- Estoy planeando remodelar mi casa. ¿Es una buena inversión? ¿Recibiré una ganancia significativa por las mejoras si vendo la casa?

- ¿Cómo puedo ahorrar dinero para usarlo en una emergencia financiera?

- ¿Cómo puedo ahorrar dinero para la matrícula de la universidad? ¿Para la jubilación?

- ¿Algún día ganaré la lotería u otro concurso en el que recibiré dinero inesperado?

- ¡Acabo de tener un golpe de suerte! ¿Cómo puedo invertir este dinero de la mejor manera? ¿Necesito la ayuda de un asesor financiero? ¿Dónde puedo encontrar el mejor asesor para mí?

Su Espiritualidad

- ¿Cómo se llaman mis Ángeles? ¿Por qué están trabajando conmigo? ¿Por cuánto tiempo me acompañarán? ¿Están felices de trabajar conmigo?

- ¿Tienen sugerencias/ideas/recomendaciones para mí?

- ¿Cómo puedo mejorar mi habilidad para comunicarme con mis Ángeles?

- ¿Cuáles son los asuntos que escogí para resolver en esta vida?

- ¿Cuáles he resuelto ya?

- ¿Cuáles están aún por resolver?

- ¿Estoy autoperjudicándome de alguna forma? ¿Por qué siempre tengo que aprender de la manera más difícil?

- ¿Cómo puedo resolver más fácilmente los asuntos que todavía tengo pendientes?

- ¿Estoy avanzando a la velocidad apropiada?

- ¿Cuál es el trabajo de mi vida?

- ¿Cómo y cuándo puedo comenzar a trabajar en él?

- ¿De dónde vendrán el talento y la habilidad que necesito para ser exitoso(a) en el trabajo de mi vida?

- ¿Cuáles fueron mis vidas pasadas?

- ¿Fui hombre o mujer?

- ¿En qué países viví? ¿En qué período de la historia?

- ¿Qué logré? ¿Qué no logré?

- ¿Cuáles eran mis talentos y habilidades particulares?

- ¿Qué asuntos de esas vidas están aún por resolverse en ésta?

- ¿Quién ha estado conmigo en vidas pasadas y está conmigo en esta vida también? ¿Qué tipo de relación tuvimos?

- ¿Por qué escogí a los padres y hermanos(as) que tengo ahora?

- ¿Qué relación hay entre sus asuntos y los míos?

- ¿Es posible construir mejores relaciones con ellos?

- ¿Por qué me escogieron mis hijos como su padre/madre?

- ¿Cuáles son los conflictos que resolverán mis hijos en su vida?

- ¿Mis hijos vienen de una vida pasada que fue especialmente dura o traumática?

- ¿Estoy haciendo todo lo que puedo para cumplir mi propósito con ellos?

- ¿Estoy logrando lo que debería para mí mismo(a) y para otros en mi vida?

- ¿Qué propósitos comparto con mis amigos en esta vida?

- ¿Qué talentos, dones y habilidades especiales que tengo ahora y que vienen de experiencias pasadas?

- ¿Qué animosidades, miedos y ansiedades que tengo debido a experiencias pasadas?

- ¿Por qué estoy teniendo sueños tan vívidos? ¿Qué significan?

- ¿Por qué están conmigo mis mascotas y qué propósito cumplen?

Su Salud

- ¿Sufro de alguna enfermedad sobre la que necesite saber?

- ¿Algún miembro de mi familia sufre de alguna enfermedad sobre la que necesite saber?

- ¿Cuál es el mejor tratamiento para mi (su) enfermedad?

- ¿Necesito (o necesita) alguna cirugía?

- ¿Quién debe ser el cirujano?

- ¿Cuándo debo(e) operarme(se)?

- ¿Dónde debo(e) hacerme(se) la cirugía?

- ¿Cuánto tiempo durará la recuperación?

- ¿Qué puedo esperar después de la cirugía?

- ¿Sentiré mucha molestia?

- ¿Qué pasará si no me someto a la cirugía?

- ¿Sería mejor tomar medicamentos o seguir un tratamiento holístico?

- ¿Será necesario recibir terapia física?

- Para disminuir las molestias, ¿debo escoger medicamentos, acupuntura, medicina quiropráctica u otra terapia?

- ¿Cuál es la razón espiritual de este problema de salud? ¿Es una llamada de alerta? ¿Qué debo aprender de esta experiencia?

- ¿Cuándo me recuperaré? ¿Me recuperaré completamente?

- Acabo de accidentarme. ¿Cuán grave es mi estado? ¿Quién es el mejor médico para tratarme?

- ¿Cómo puedo sanarme rápidamente?
- ¿Cuál es la razón espiritual detrás del accidente? ¿Es una llamada de alerta? ¿Qué debo aprender de esta experiencia?
- *Sé* que tengo un problema de salud, pero mis doctores no logran saber exactamente cuál es el problema. ¿Qué debo hacer?
- ¿Cómo puedo lograr la mejor salud física posible para mi cuerpo?
- Estoy considerando hacerme una cirugía plástica. ¿Estaré feliz con los resultados a largo plazo? ¿Me sentiré satisfecho con el cirujano? ¿Cuánto demoraré en sanar? ¿Cuáles son los riesgos?
- ¿Necesito mejorar mis hábitos alimenticios? ¿Qué cambios debo hacer? ¿Qué efectos tendrá para mi salud física si continúo con mis actuales hábitos alimenticios?
- ¿Qué programa de ejercicios sería el más efectivo para mí? ¿Menos efectivo? ¿A qué horas debo hacer ejercicio? ¿Dónde?
- ¿Cómo puedo reducir el estrés de la manera más efectiva?
- ¿Cómo puedo recargar mis baterías?
- ¿Cómo puedo desarrollar más energía física?
- ¿Necesito suplementos vitamínicos? ¿Debo hacer una cita con un nutricionista?
- ¿Está saludable mi mascota?

CAPÍTULO CINCO

❦

Desarrollar Destrezas de Comunicación

Cómo Desarrollar una Relación Productiva

Para comunicarse con sus Ángeles de la guarda lo más rápida y productivamente que sea posible, necesita estar consciente de cómo trabajarán exactamente con usted y qué le espera una vez que afiance su relación con ellos.

Le recomiendo que organice "reuniones" con sus Ángeles expresando ese deseo en voz alta. Dedique un tiempo específico para practicar la canalización. Hacer una cita con sus Ángeles es igual acordar verse con un amigo o un colega del trabajo.

Lo único que tiene que hacer para hacer la cita es decir: "Sam (o el nombre de su Ángel), quisiera tener una reunión contigo mañana a las nueve de la mañana."

Es así de simple. Usted siempre debe tomar la decisión de cuándo y dónde quiere que la cita se lleve a cabo, según su conveniencia. Sus Ángeles siempre están disponibles para usted, así que les da igual cuándo usted quiere tener la reunión con ellos, ya sea de día o de noche.

Le recomiendo también que cuando llegue la hora de la canalización esté preparado y tenga listas sus preguntas, que deben reflejar sus prioridades en ese momento específico, así podrán aprovechar el tiempo de la reunión de una manera inteligente.

Sus Ángeles no sólo le darán una respuesta pormenorizada a cada una de sus preguntas, sino que también le suministrarán cualquier información adicional que usted necesite saber.

Estoy segura de que usted estará muy contento de que sus Ángeles le hablen directa y francamente, sin endulzarle nada. Ellos lo respetan por su madurez y nivel de educación, así que no serán menos que honestos cuando usted les pregunte algo.

La filosofía angelical consiste en apoyarlo y motivarlo, pero no dudarán en ser francos y directos, y le dirán la verdad sobre el hecho de que su marido está teniendo una aventura con la niñera. Es seguro que sus Ángeles serán directos, en lugar de darle información vaga, poco realista, optimista o censurada, para proteger sus sentimientos. Nada de eso.

A medida que vaya construyendo la relación de dos sentidos con sus Ángeles, se irá dando cuenta de que tienen una manera de medir el tiempo completamente diferente a como lo hacemos en el plano físico. Nosotros medimos el tiempo en segundos, minutos, horas, días y semanas, pero en el Cielo no existen esas medidas de tiempo. Mientras que setenta años en este plano son toda una vida, en el plano espiritual son sólo un parpadeo. Por esta razón, cuando dejamos el plano espiritual para venir a la Tierra a tener otra vida, apenas nos echan de menos quienes se quedan en el cielo.

Cuando tome conciencia de lo diferente que es el tiempo para sus Ángeles, entenderá por qué siempre lo están presionando con comentarios como: "Apúrese a resolver ese asunto"; "Estamos muy sorprendidos de que no haya hecho esto y esto todavía"; "¿Por qué le está tomando tanto tiempo hacer esto y aquello?"; "Hagámoslo ya, ya, ya."

Recuerde que el único propósito de sus Ángeles es guiarlo y dirigirlo a través de su vida, y una gran parte de su responsabilidad es asegurarse de que usted logre todo lo que tiene planeado en su lista espiritual de cosas por hacer. Nuestros Ángeles funcionan según su propio reloj espiritual y consideran nuestro tiempo en el plano físico increíblemente fugaz, comparado con el tiempo y el espacio infinitos del cielo.

Dado que el plano físico y el espiritual funcionan en tiempos tan diferentes, nuestros Ángeles tienen una idea diferente de cuánto nos toma crecer. A nosotros nos parece obvio que nuestros Ángeles nos abruman presionándonos constantemente para que avancemos. Pero, desde su punto de vista, somos criaturas lentas y vagas que necesitan que las presionen y las azucen para lograr cualquier cosa.

Construir una relación con sus Ángeles es igual que hacerlo con un mentor o un amigo, así que la comunicación entre ustedes estará determinada por la mutua conveniencia. Ocasionalmente, usted necesitará establecer límites, igual que lo haría con un amigo en el plano físico.

Cuando se sienta demasiado presionado por sus continuos consejos, o tenga dudas de pasarle información intuitiva a alguien, piense que sus sentimientos son válidos y que debe expresárselos, para que puedan seguir teniendo una relación que rinda frutos. Es muy importante que hable con sus Ángeles abiertamente y con honestidad, como ellos lo hacen con usted.

Así, a pesar de que sus Ángeles de la guarda desean lo mejor para usted y velan por su bienestar, es perfectamente comprensible que usted mantenga su libre albedrío y tome sus propias decisiones. Está bien decirles: "No lo haré" o "No puedo hacerlo" todas las veces que le parezca necesario.

Usted es quien tiene una vida difícil acá en el plano físico. Son suyos los conflictos que tiene que resolver, así como la responsabilidad de alcanzar sus metas. No le asignaron a sus Ángeles de la guarda para que le dictaran la manera en que debe comportarse o para que tomaran sus decisiones por usted, sino para que sirvieran como un sistema de apoyo y consejo al que usted puede recurrir.

Sus Ángeles no se disgustarán cuando usted les ponga límites. Tampoco lo abandonarán ni se molestarán simplemente porque está ejerciendo su propia voluntad. No importa cuán importante consideren sus Ángeles una tarea espiritual, saben que usted tiene la última palabra en cuanto a cómo y cuándo debe realizarla. No debe preocuparse tampoco de estar acumulando puntos kármicos negativos si duda o rehúsa hacer algo que le sugirieron sus Ángeles, pues no es así.

Por ejemplo, si usted no acuerda citas con sus Ángeles y ellos lo despiertan a media noche para darle información, estará exhausto y menos productivo que si hubiera dormido la noche completa. Así, si no desea tener más comunicación nocturna, dígaselos y pídales una cita a una hora más conveniente para usted.

Tal vez sus Ángeles le han dado alguna información que quieren que usted se la pase a un amigo o conocido, pero se siente incómodo de hacerlo. Dígales a sus Ángeles lo que le pasa, para que ellos le encomienden la tarea a otra persona.

O tal vez sus Ángeles lo están urgiendo para que salga pronto de una situación especialmente estresante, y usted siente que la situación empeora por la presión adicional que ejercen sobre usted con el ánimo de motivarlo. Muy respetuosamente, debe decirles que no lo hagan más; ellos se detendrán de inmediato.

Por qué Algunos Ángeles son Temporales

En los seminarios que dicto sobre los Ángeles, mucha gente me pregunta cuánto tiempo nos acompañan los mismos Ángeles. La respuesta es que mientras estemos en el plano físico, tenemos la maravillosa oportunidad de conocer a varios Ángeles de la guarda, que nos son asignados para que nos ayuden a resolver nuestros conflictos y nos guíen hacia nuestras metas.

Cada Ángel que nos asignan trabaja con nosotros en un área particular de la vida. Puede ser que mientras un Ángel nos ayuda en el trabajo, otro lo haga en nuestra vida personal y otro, en la crianza de nuestros hijos.

La relación que compartimos con nuestros Ángeles es extraordinariamente cercana y constante, y al tiempo que vamos tomando conciencia de su existencia y desarrollamos una comunicación con ellos, empezamos a confiar más en ellos y a depender de su guía y consejo. Sin embargo, no toman decisiones por nosotros sólo porque dependamos de ellos, por el contrario, nos ayudan a fortalecer nuestra independencia y nuestra habilidad para tomar riesgos y para que estemos más seguros en el proceso de tomar decisiones.

Cada Ángel trabaja incansablemente para cumplir su propósito de apoyarnos y motivarnos. Una vez resolvemos el asunto en cuestión o logramos la meta con la cual nos estaba ayudando, su trabajo con nosotros termina, y pasa a trabajar con otra persona que esté empezando el viaje que nosotros acabamos de terminar.

A pesar de que la mayoría de los Ángeles se quedan con nosotros sólo el tiempo necesario para ayudarnos con algo particular, a veces un Ángel escoge quedarse con nosotros toda la vida. Esos Ángeles de la guarda supervisan el trabajo de los otros y, por lo general, tienen un vínculo especial y cercano con nosotros que proviene de alguna vida pasada.

Con frecuencia, cuando tengo una sesión privada en mi oficina con algún cliente, recibo información intuitiva no sólo de sus Ángeles, sino de un amigo o pariente muerto que también quiere aconsejarlo o protegerlo. Aunque la persona muerta no tiene la función formal de Ángel de la guarda, sí es una presencia espiritual tan importante como los Ángeles. Esta persona decide ayudar en la protección y el bienestar de la persona que amó en vida por el tiempo que ésta permanezca en el plano físico. Cuando esto sucede, usualmente el cliente ya se ha dado cuenta de la presencia de su amigo o pariente muerto y considera su compañía espiritual muy reconfortante y de gran ayuda.

¿Cómo puede saber que tiene un nuevo Ángel? Como mencioné anteriormente, me refiero a este fenómeno como "cambio de guardia." Si practica su habilidad de canalización, desarrollará una relación increíblemente cercana con sus Ángeles. Ellos lo mantendrán al tanto de sus avances y de cuán satisfactoriamente está trabajando por alcanzar sus metas, que es el indicador de cuánto tiempo permanecerán sus Ángeles con usted. Mucho antes de que dejen de trabajar con usted, le avisarán que el trabajo está casi finalizado y que usted ya no los necesitará más.

Yo soy una persona muy sentimental y emocional, así que al principio el cambio de guardia me perturbaba y me deprimía. No me gustaba la idea de acercarme emocionalmente tanto a mis Ángeles, para después tener que despedirme de ellos cuando se iban a trabajara con otra persona mientras que yo tenía que empezar de nuevo a construir una relación nueva con otros Ángeles.

Me tranquilizó mucho saber que podía seguir hablando con el Ángel que me había dejado siempre que quisiera. Sin embargo, la relación es diferente a la anterior de Ángel/estudiante. La relación entre usted y su Ángel retirado será como una amistad mutua, que puede elevar significativamente el vínculo entre ustedes.

He descubierto que es una verdadera alegría conocer a un nuevo Ángel de la guarda que está entusiasmado por trabajar con uno. Todos los Ángeles tienen diferente personalidad, como la gente del plano físico. Es un regalo espléndido tener la oportunidad de construir una nueva relación profunda desde el corazón con un ser espiritualmente iluminado, para quien nuestro bienestar y felicidad tienen prioridad sobre todas las cosas.

La Manifestación Física de los Ángeles

Uno de los sucesos más emocionantes que usted pueda experimentar es la manifestación física de los seres celestiales.

Es muy posible para sus Ángeles de la guarda o sus amigos o familiares fallecidos hacerse tangibles en el plano físico, para que usted pueda verlos, oírlos y sentirlos.

En mis seminarios sobre los Ángeles, tantas personas

han compartido sus historias de encuentros especiales con personas que amaron y que ya murieron, que pienso que es un fenómeno mucho más común de lo que creemos. La industria cinematográfica ha reconocido la existencia de seres celestiales y ha representado su relación con el plano físico en películas altamente reconocidas.

Mis tres películas favoritas son *El fantasma y la Sra. Muir,* que cuenta la historia de una viuda joven que recibe consejo y guía de un capitán de barco fallecido. *Un Cuento de Navidad,* que representa a los tres Ángeles de la guarda de Scrooge. Y *¡Qué Bello es Vivir!,* en la que un hombre de negocios, interpretado por George Bailey, se da cuenta de lo bueno de su vida gracias a la intervención de Clarence, un Ángel de segunda clase.

La primera vez que mis Ángeles se me mostraron en su forma física, parecían personas tan reales como cualquiera del plano físico. Por esa razón, al principio su presencia fue asombrosa para mí. No podía creer o aceptar que un ser espiritual pudiera tomar forma física. Pero he aprendido que tienen una existencia tan real como nosotros. Me tomó varios meses de comunicación diaria con mis Ángeles entender que no me estaba volviendo loca, y que era verdad que eran seres enviados desde el cielo para ayudarme.

Ahora que me he dado cuenta de lo común que es ver, oler, oír o tocar a un ser espiritual, me sorprendería que usted nunca haya tenido un encuentro tangible con alguno de sus Ángeles de la guarda o un ser querido que ya murió. Cuanto más abierto esté a la experiencia, más podrá disfrutar de la visita. Si nunca ha tenido un encuentro de este tipo y quisiera tenerlo, es posible.

Cuando canalice, simplemente pídales a sus Ángeles o a su ser amado que se muestren en una forma física. Sus Ángeles aparecerán en la forma física que más represente su personalidad (hombre, mujer, joven, viejo, etc.) y su ser amado, en la forma en que usted lo recuerda.

También es posible para su Ángel o su ser amado mostrarse moviendo o manipulando cosas del plano físico, como en la película *Fantasma,* en la que Sam Rice aprende a manifestársele a su viuda manipulando objetos materiales en su casa.

Desde que empecé mi práctica psíquica, he escuchado numerosas historias de gente que ha visto volar objetos, que ha encontrado fotografías de seres amados boca abajo sin razón aparente, flores o plantas que han florecido en jardines baldíos de un día para otro y muchos otros hechos que la gente cree verdaderamente que eran una señal del tío Harry o del Ángel de la guarda.

¿Que si creo que un ser espiritual puede mover un objeto físico? Claro que lo creo, pero debo confesar que dado que mi naturaleza es bastante escéptica, me ha costado bastante creer las historias que escucho.

Las tres historias que le voy a contar me sucedieron a mí, y puede creer que son verdad.

La primera sucedió cuando tenía dieciocho años. Estaba estudiando en la Universidad Loyola y una tarde de otoño me dio un terrible dolor de cabeza, causado seguramente por mi preocupación por una mala calificación en un examen. Decidí no ir a la última clase del día e irme a casa. En el camino, sólo podía pensar en tomarme una aspirina y recostarme, para que se me pasara el dolor.

Mis padres y mi hermano estaban de vacaciones, así que me estaba quedando sola en casa. Estacioné el auto frente a la casa y entré por la puerta del garaje. Dejé mi bolso y las llaves sobre la mesa de la cocina, me quité los zapatos y subí las escaleras impacientemente para buscar el frasco de aspirinas en el botiquín de mis padres.

Cuando llegué arriba, escuché un sonido familiar, pero ahogado. No pude distinguir de dónde venía, pero recuerdo haberme sentido confundida, porque había estado sola en la casa por varios días. Entonces vi que la puerta del cuarto de mis padres estaba cerrada, aunque recordaba que la había dejado abierta. Me empecé a preocupar, pero una vocecita me decía que todo estaba bien.

Entonces, la voz me urgió a que abriera la puerta y fuera al baño, donde encontraría algo para mi dolor de cabeza. Cuando abrí la puerta del cuarto, descubrí qué era lo que sonaba: ¡Era agua que corría! Corrí al baño y encontré la llave del lavamanos abierta a toda presión. Junto al lavamanos había un vaso limpio y un par de aspirinas. Entonces escuché la vocecita de nuevo que me explicó: "Quería ayudarte a calmar el dolor de cabeza."

El segundo suceso ocurrió varios años después, cuando yo ya había empezado mi práctica psíquica. Una mañana, muy temprano, estaba con una clienta en una sesión privada. Nos sentamos cómodamente y prendí la grabadora. Rápidamente me explicó sus prioridades, que se concentraban básicamente en su relación con su novio.

Cuando empecé a comunicarme con sus Ángeles, recibí la información de que su novio le iba a proponer matrimonio en su próximo cumpleaños y que les iría muy bien juntos.

Mi clienta se puso muy contenta y preguntó si tendrían hijos.

En ese momento, otro Ángel irrumpió en la comunicación y empezó a hablarme:

"Kim, necesito decirle algo muy importante. Dejen de discutir sobre la relación."

No le dije nada a mi clienta todavía de lo que el otro Ángel me había dicho y continuamos hablando del estado de su relación con su novio.

"¡No más, Kim! ¡Necesito decirle algo importante!" me insistió el Ángel.

"¡Ya voy!" le contesté telepáticamente. "Déjeme terminar…"

"¡No! ¡Dejen de hablar de la relación o apagaré la grabadora!"

Yo tenía toda la intención de darle a mi clienta la información del segundo Ángel, pero quería terminar de contarle lo que había dicho el primero, y luego sí pasar al siguiente tema.

"¡Voy a apagar el aparato!" me advirtió.

A pesar de que sabía que los Ángeles pueden comunicarse con nosotros, me costaba creer que un ser espiritual pudiera manipular un objeto físico como mi grabadora.

De repente, sin ningún otro aviso, la máquina se apagó ruidosamente. Mi clienta me miró sorprendida, sin tener conocimiento de la conversación silenciosa que acababa de tener con su segundo Ángel.

"No se pudo acabar el tiempo ya, ¿verdad?" me dijo.

"No, todavía no," le contesté indicándole que sólo habían pasado quince minutos de la hora que dura la sesión.

Levanté la máquina para verificar que no se hubiera dañado.

"La máquina está en perfectas condiciones," dijo el segundo Ángel. "¿Podría dejar de ser tan obstinada y dejarme darle la información que quiero que ella sepa? Tan pronto me deje, la grabadora volverá a funcionar."

Verifiqué que tanto la máquina como el casete estuvieran bien. También constaté que estuviera bien conectada. Todo bien. Entonces el Ángel me habló de nuevo:

"Kim, tan pronto como me deje darle el mensaje, la máquina se prenderá de inmediato."

Aún muy escéptica de que pudiera manipular objetos, y sintiéndome frustrada por el problema de mi grabadora, dejé en espera al primer Ángel y le di vía libre al segundo. Me di cuenta de que cada vez que un ser celestial quiere decir algo, es importante. Muy importante.

Le dije a mi clienta que otro Ángel quería decirle algo importante sobre otro asunto, y ella estuvo de acuerdo.

"Gracias," me dijo el segundo Ángel, y empezó a explicarme lo que debía hacer mi clienta esa tarde para protegerse de un posible ataque en su casa.

El Ángel me advirtió sobre un criminal que estaba en libertad bajo palabra y que había estado merodeando por el barrio en busca de víctimas. La noche anterior había visto a mi clienta cuando volvía del trabajo y tenía el plan de irrumpir en su casa esa noche y violarla. El criminal tenía bastante experiencia en este tipo de crímenes violentos, así que sabía que debía usar un pasamontañas, para que no lo pudieran identificar, guantes de látex, para no dejar huellas, y condón, para no dejar restos de fluidos corporales a los que pudiera hacérseles una prueba de ADN. Tal vez nunca lo detendrían por el crimen, porque mi clienta no lo podría identificar.

Su Ángel le dijo que no fuera a casa esa noche y durmiera donde algún amigo. Al día siguiente, mi clienta compró una alarma para las puertas y ventanas de su casa y, además, su hermano se quedó con ella unos días mientras pasó el peligro y el delincuente se marchó. Su Ángel intervino durante la sesión para proteger a mi clienta, que nunca se hubiera enterado del peligro que corría hasta que no fuese demasiado tarde.

La tercera historia es mi favorita, porque es tan fantástica, que es difícil de creer. Hace algunos años, me pidieron que participara en un programa de televisión el día de año nuevo, para hablar sobre mis predicciones para el año que empezaba. Era un día brumoso, lluvioso y frío, pero tuve suerte de encontrar un espacio en el estacionamiento frente al canal de televisión. Tomé mi maletín y mi bolso del asiento trasero y me bajé del auto al tiempo que abría el paraguas; luego, me dirigí a toda prisa hacia el edificio.

Estuve en el programa una hora entera y me sentía muy satisfecha, porque todo había salido muy bien. Me quedé un rato después de que se acabó el programa con el presentador, a quien ya conocía de programas previos, y charlamos sobre nuestros planes para esa noche. Después, tomé mis cosas y me dirigí a la recepción. Una vez allí, me di cuenta de que había perdido mis llaves. Saqué todo de mi bolso y del maletín, busqué en mis bolsillos, pero las llaves no aparecieron. Empecé a disgustarme, porque tenía solo ese llavero con las llaves de mi apartamento, mi oficina y mi auto. Y, para empeorar la situación, el dispositivo de seguridad del auto cerraba automáticamente todas las puertas cuando me bajaba del vehículo.

De repente, recordé dónde había dejado las llaves: en el asiento trasero del auto cuando había tomado el maletín y el bolso, ¡pero no las había recogido luego! Mis llaves estaban guardadas dentro del auto cerrado.

Estaba desesperada. Tenía otra presentación en un canal de televisión que quedaba al otro lado de la ciudad. No sabía qué hacer. ¿Cómo explicarle al presentador del programa, que estaba dedicado en su totalidad a mi presentación, que había dejado las llaves dentro del auto? Parecía un chiste psíquico de mal gusto.

Decidí tomar un taxi y pensar después cómo solucionar el asunto de las llaves, pero entonces oí la voz de mi Ángel:

"Kim, ¿por qué no va a su auto?"

"¿Qué quiere decir con ir hasta mi auto?" pregunté telepáticamente. "¿Salir a mojarme? ¡Dejé las llaves dentro del auto!"

"Kim, vaya hasta su auto," me dijo ella pacientemente. "Sabemos que dejó las llaves dentro del auto, pero ya nos hemos hecho cargo de todo."

"¿Qué significa "hacerse cargo de todo"? ¿Se dan cuenta de lo que he hecho? ¡No tengo tiempo de hablar con ustedes ahora! Debo tomar un taxi…"

"¡Kim! ¡Vaya a su auto ahora mismo! ¡Nos hemos hecho cargo de todo!"

A pesar de que no me imaginaba qué podían hacer para ayudarme, confiaba en ellos y sabía que mi bienestar era su principal prioridad, así que, sintiéndome estúpida e impotente, abrí mi paraguas y salí del canal hacia mi auto.

"Detrás del auto," me dijo mi Ángel.

Sin saber de qué estaba hablando, miré en la parte trasera del auto a través de la lluvia y creí por un momento que mis ojos me estaban engañando: ¡estaba saliendo humo por el tubo de escape!

"Se lo estamos calentando," me dijo suavemente.

"¡Pero si las llaves estaban en el asiento trasero!"

"Lo sabemos. Tiene que ser más cuidadosa la próxima vez."

Sin poder creerlo, me acerqué a la puerta delantera, pero dudé de abrirla, porque si estaba cerrada, podía hacer que se activara la alarma.

"Adelante, abra la puerta," me alentó mi Ángel.

"Sé que está cerrada."

"Estaba. Ya la abrimos."

"Pero, ¿cómo…-?-"

"¡Kim! ¡Entre en el auto ahora! ¡De lo contrario llegará tarde!"

Su voz rugió como la de un sargento dirigiéndose a un cabo y me instó a actuar. Halé suavemente la manija de la puerta y, como ella había prometido, se abrió de inmediato, sin que se activara la alarma. Entré en el auto y encontré las llaves colgando del encendido.

Cómo Comunicarse con un Ser Amado Fallecido

Si alguien cercano a usted ha muerto, por favor, permítame darle mis más sentidas condolencias. Yo he perdido varios seres amados y entiendo cómo debe sentirse en este momento.

Estoy convencida que cuando alguien a quien amamos pasa al plano espiritual, nuestra vida cambia irremediablemente y para siempre, y no tenemos más alternativa que aceptarlo y adaptarnos a la pérdida aquí en el plano físico.

Es tremendamente difícil verse forzado de repente a tener que vivir sin la calidez, el amor y la ternura de una relación cercana. La pérdida es aún más traumática y difícil de entender si fue a causa de un accidente, un crimen violento o una enfermedad.

De manera similar, la gente se sorprende al darse cuenta de lo traumático que es perder a alguien cercano con quien no se llevaban bien. La persona se siente culpable por no haber expresado sus sentimientos o tratado de resolver la situación con la persona que murió, pues ha perdido la oportunidad de hacerlo en el futuro.

Comunicarse con un ser querido que murió es el tipo de canalización más cargado emocionalmente, y requiere una gran dosis de fortaleza y valentía.

A pesar de que todos compartimos el mismo universo, y de que nuestros seres amados fallecidos están dispuestos a comunicarse con nosotros, la relación que teníamos cambia drásticamente una vez que regresan al plano espiritual. Como se han despojado permanentemente de su cuerpo físico, ya no podemos interactuar con ellos físicamente.

Debemos trabajar para construir una nueva relación con nuestro ser amado en su nueva existencia como ser espiritual. Podemos hacelo desarrollando nuestras habilidades de canalización y sintiéndonos reconfortados ante la idea de que sigue estando disponible para nosotros y que sigue siendo parte de nuestra vida.

De hecho, nuestro ser amado fallecido no tiene intención de abandonarnos u olvidarnos simplemente porque ha pasado a otro plano. Por lo general, tiene el instinto de protegernos, apoyarnos, reconfortarnos y amarnos.

Una vez que empiece a practicar la canalización, se volverá más sensible a su innegable presencia espiritual, que le dará la oportunidad, si quiere, de oír su voz y "verlo" de nuevo en su forma física.

Con frecuencia, me piden que canalice con un ser amado de alguno de mis clientes para preguntarle alguna información o recibir mensajes suyos.

En mi trabajo como canalizadora, tengo una comunicación de dos sentidos con los Ángeles de mis clientes. Casi siempre, no saben exactamente quiénes son sus Ángeles, así que los presento con nombre y les explico por qué estos Ángeles están trabajando con ellos.

Sin embargo, cuando me piden que canalice con una persona que ha muerto, pido el nombre, la edad aproximada de defunción y la causa de la muerte como aparece en el certificado de defunción. Esta información me sirve para llamar a la persona con quien deseo hablar en el otro plano y diferenciarla de las otras.

Cuando la persona muerta se nos une a mi cliente y a mí, de inmediato empieza a hablar sobre lo que quiere comunicarle a su ser amado en este plano.

A veces, la persona muerta se queja de que gasta mucha energía tratando de hacerse presente espiritualmente a sus seres amados en el plano físico, pero infructuosamente, puesto que están demasiado cerrados emocionalmente o están poco familiarizados con el proceso de canalización, así que no pueden percibir su energía espiritual.

Una dinámica interesante durante estas sesiones ocurre cuando el cliente pide insistentemente que el fallecido le diga algo muy personal que sólo ellos dos saben. A veces, el fallecido se siente presionado porque sabe que sólo tiene una hora para comunicarse en la sesión privada. Puede sentir que tiene otras cosas más importantes que decirle a su ser amado en este plano que llamarlo por su apodo romántico o decirle qué le regaló la Navidad pasada.

Esta situación es bellamente representada en la película *Fantasma,* de la que hablamos anteriormente. Cuando Ida Mae Brown, la canalizadora, le dice a la viuda de Sam que él le dice "te amo," ella contesta, con suspicacia, que él nunca le habría dicho tal cosa. Tal vez nunca lo hubiera dicho mientras estaba vivo, ¡pero se lo está diciendo ahora!

Por ejemplo, ¿cuántas veces ha estado esperando ansiosamente verse con algún amigo porque tenía algo importante que decirle, pero cuando se ven, su amigo cree que lo que tiene que decirle es aun más importante, y a usted le cuesta trabajo decir algo?

Esa misma situación se presenta cuando se comunica con su ser amado que ha fallecido. Usted puede tener ciertos temas que quiera comentar, pero él probablemente querrá hablar de otros muy diferentes.

Le sugiero que cuando se comunique con un ser amado que ha fallecido, lo deje hablar, porque lo más seguro es que tenga cosas importantes que decirle. Recuerde que como está en el plano espiritual tiene acceso a mucha más información intuitiva que usted.

A continuación reproduzco una sesión real que tuve con una clienta y su marido que había fallecido:

"Prúebame que de verdad eres tú, Harold."

"Te amo y te echo de menos, cariño. Estoy preocupado por mi seguro de vida que vas a reclamar. La compañía aseguradora quiere hacerte trampa."

"Harold, dime cómo solías decirme justo antes de imos a la cama…"

"Muriel, por favor, escúchame. Los papeles del seguro están en el cajón superior derecho de mi escritorio. Búscalos y dáselos a Sol, el abogado con quien cenamos justo antes de que me diera el infarto."

"Pero, Harold, ¿cómo puedo estar segura de que de verdad eres tú? Dime por qué peleamos antes de que te diera el infarto."

"Amor, y dale mi abrigo de piel de cordero a tu hermano Tom. Lo va a necesitar este invierno. Todavía no lo sabe, pero él y Shirley se van a mudar a Idaho. La compañía lo va a trasladar…"

"¡Harold! ¡Prúebame que en realidad eres tú! ¿Dónde tengo ese lunar que tanto te gustaba?"

"¡Por Dios, Muriel! ¡Escúchame! Nunca te dije, porque quería que fuera una sorpresa, pero busca en el bolsillo interno de mi saco azul, en mi clóset, allí encontrarás el extracto de una cuenta bancaria. Abrí una cuenta en la que estaba ahorrando para llevarte a Francia. Usa ese dinero para pagar la cuota del auto. No has pagado en dos meses, y estoy preocupado…"

"¡Harold! ¡Nada ha cambiado! Es tan típico de ti no escuchar nada de lo que te digo…"

Una vez que sienta que está listo emocionalmente para reanudar la comunicación con un ser querido del otro plano, puede usar las mismas técnicas que usaría para comunicarse con sus Ángeles de la guarda.

El proceso es muy simple. En una hoja de papel escriba el nombre de la persona con quien quiere comunicarse, la edad aproximada a la que murió y la causa de la muerte como dice en el acta de defunción, si la sabe. Si no tiene toda esta información, escriba lo que sepa. Esta información le ayudará a "llamar" a su ser querido en cualquier parte del universo en donde se encuentre.

Tan pronto como su ser querido se le una, empezará a darle información igual que lo harían sus ángeles; ya sea por autoconciencia, oyendo su voz o viendo imágenes mentales, como lo vimos en el Capítulo Cuatro.

La siguiente es una lista de preguntas que con mayor frecuencia les preguntan mis clientes a sus seres amados cuando canalizamos. Una vez empiece la comunicación, tal vez quiera hacerle a su ser amado una o todas las siguientes preguntas:

- ¿Estás bien?
- ¿Qué sentiste cuando abandonaste tu cuerpo físico?
- Te gustó tu funeral?
- Qué quieres que haga con tus cosas?

- Como no dejaste testamento, ahora tu familia está en una tremenda disputa. ¿Qué quieres que hagamos con tus propiedades?
- ¿Cómo fue el viaje al otro plano?
- ¿Te gusta el cielo?
- ¿Es tan maravilloso como dicen?
- ¿Dónde vives en el otro plano?
- ¿Cómo es tu hogar ahora?
- ¿Con quién vives?
- ¿Cómo utilizas tu tiempo?
- ¿Cuál es tu trabajo en tu nueva vida?
- ¿Alguna vez me observas? ¿Cuándo?
- ¿Cómo puedo hacerme más sensible a tu presencia espiritual?
- ¿Te mostrarías tangiblemente ante mí para que pueda verte?
- ¿Has visto a la tía Hannah (o cualquier otro familiar o amigo fallecido)?
- ¿Lograste todas tus metas mientras viviste en el plano físico?
- ¿Estarás en el cielo cuando yo muera, o habrás vuelto al plano físico de nuevo a tener otra vida?
- ¿Si es así, ¿sabes cuándo volverás al plano físico y dónde vivirás?
- ¿Tendremos tú y yo otra vida juntos?
- ¿Eres ahora uno de mis Ángeles de la guarda?
- ¿Hay algo que quieras decirme?
- ¿Hay algo que quieras decirle a tus hijos, padres, mejor amigo, etc.?

CAPÍTULO SEIS

❧❧❧

Cómo Conocerse
a Uno Mismo

Las Coincidencias No Existen

Está usted consciente de que todo lo que pasa en su vida tiene una razón específica e importante?

En el universo no existen las coincidencias, porque todo lo que nos pasa es una lección de aprendizaje para ayudarnos a madurar, ser más sabios y alcanzar la iluminación espiritual.

Si usted siempre se está diciendo cosas como, "¡Qué mala suerte la mía!," "Tan pronto como soluciono un problema, se me presenta otro" o "¿Por qué todo me pasa a mí?", no ha entendido nada. Todos volvemos al plano físico vida tras vida para cumplir con dos responsabilidades específicas.

Primero, tenemos que alcanzar la obra que nos ha

sido asignada en la vida. Segundo, solucionar todos nuestros conflictos.

Nuestros conflictos representan todo el tejido de la experiencia humana. Todos los seres humanos empezamos nuestra primera vida en el plano físico con el mismo número de conflictos por resolver. Así, todos tenemos que enfrentar (y resolver) las mismas dificultades, retos y penurias, para poder evolucionar y convertirnos en seres humanos espirituales y de provecho.

Nuestros Ángeles siempre permanecen a nuestro lado, guiándonos, protegiéndonos y supervisando todos los retos que nos encontramos en el camino y que tratamos de superar. Si estamos abiertos a comunicarnos con ellos, los Ángeles tienen la habilidad de ayudarnos a que nuestro progreso sea menos doloroso, confuso y lento.

¿Por qué tenemos que experimentar personalmente todos nuestros conflictos? ¿Por qué no podemos volvernos conscientes instantáneamente o alcanzar la iluminación por medio de nuestros Ángeles, los libros o la experiencia de otras personas?

Con cada vida que vivimos en el plano físico, tenemos la oportunidad de resolver nuestros conflictos y, cuando los hayamos resuelto todos, alcanzamos el nivel más alto de iluminación y no tenemos que volver más al plano físico, sino que podemos quedarnos en el cielo por toda la eternidad.

Aunque creamos que somos muy sensibles a los sentimientos de otras personas, no podremos entender realmente su situación particular a menos que la hayamos experimentados de primera mano.

Por ejemplo, una tarde usted está esquiando sobre el hielo, se cae y se parte una vértebra. Después de meses de intenso dolor e incomodidad, empieza a sanar finalmente. Entonces, un día su cuñado se cae de una escalera mientras pintaba la fachada de su casa y se parte la columna. Usted puede entender su sufrimiento, porque tuvo un accidente parecido. Sabe por lo que está pasando él, así que siente compasión y empatía.

Otro ejemplo sería si usted y su marido se acaban de mudar a una casa nueva. Una noche hay una terrible tormenta y un tornado le vuela el techo de la casa. A pesar de que la aseguradora ha cubierto todo, usted empieza a tener pesadillas constantemente relacionadas con la experiencia. Un día que está viendo televisión, un año después, ve en las noticias que un tornado ha devastado un pequeño pueblo. Usted puede entender perfectamente lo que están pasando esas personas. En lugar de desestimar sus penurias porque no los conoce, usted los siente como si fueran de su familia, y experimenta compasión y empatía.

O tal vez usted ha estado queriendo empezar su propio negocio por muchos años, y finalmente decide abrir una fábrica de alguna cosa, y le va muy bien. Usted se siente muy satisfecha emocionalmente de pensar que le está dando trabajo a cientos de personas. Además, disfruta el estímulo de competir exitosamente en un negocio altamente competitivo. También afina su habilidad de tomar decisiones. Logra una gran seguridad financiera, lo que le permite asegurar un retiro espléndido y hacer muchas obras de caridad. Luego, lee una revista acerca de una mujer que ha alcanzado un éxito similar al suyo. Sabe la sensación de satisfacción que debe experimentar ella, porque han alcanzado las mismas metas profesionales.

Tal vez usted y su marido han oído a sus amigos hablar sobre lo que se siente al estar embarazados y tener y criar un hijo. Ustedes escucha sus historias y comparten su felicidad. Pero sólo entienden totalmente todo lo que les han contado cuando saben que van a ser padres, viven el embarazo y el parto y empiezan a criar a su propio hijo. Lo entienden a cabalidad, porque ya lo han vivido personalmente.

A pesar de que, como ya mencioné, todos empezamos a vivir en el plano físico con los mismos retos, la velocidad con que los conquistamos depende de nuestra propia fortaleza, conciencia y valor al enfrentarlos, sin barrerlos debajo de la alfombra o hundirnos en patrones de negación.

Mientras estamos en el cielo, y antes de que nos embarquemos en una nueva vida, decidimos qué conflicto específico vamos a resolver en esa vida. Los conflictos que decidimos que van a ser el objetivo determinan quiénes serán nuestros padres y hermanos, nuestro nivel económico y social, en qué país naceremos y si seremos hombre o mujer.

Cuando hemos tomado estas decisiones, escogemos a las otras personas que serán cercanas a nosotros, como parejas, amigos, socios de negocios, profesores y mentores; a muchos de ellos seguramente los conocemos de vidas pasadas.

La razón por la cual escogemos a estas personas es que la gente que conocemos nos da la oportunidad de solucionar nuestros conflictos. Escogemos a las personas que nos brindarán las mejores experiencias de aprendizaje y que nos mostrarán más rápida y efectivamente qué hemos venido a aprender.

Con mucha frecuencia, tenemos que aprender sobre las diferentes formas de la experiencia humana por medio de una experiencia difícil. Tendemos a aprender con mayor rapidez cuando estamos en una situación incómoda, desagradable o perturbadora. Por esa razón, a veces escogemos personas particularmente difíciles para relacionarnos con ellas, y cuyos conflictos se relacionan con los nuestros. Aprendemos más rápido de ellas y la relación con ellas se convierte en un bien muy preciado.

Por ejemplo, digamos que usted tuvo un padre abusivo que lo criticaba todo el tiempo y le decía que siempre iba a ser un don nadie. Usted creció oyendo esta avalancha implacable de desaprobación, y con el tiempo creyó que lo que su padre decía era cierto. Desarrolló una serie de "grabaciones" negativas que sonaban en su cabeza aun mucho después de haberse ido de casa de sus padres, y que le recordaban lo insignificante y poco valioso que era. Luego, escogió a una pareja que prácticamente repetía el mismo patrón de abuso de su padre.

Al escuchar que uno escoge a sus padres, usted podría preguntar, "¿Por qué habría de escoger un padre abusivo? ¿Quién querría escoger esa vida familiar?"

No fue coincidencia escoger a su padre. Usted lo escogió para tener esa experiencia de aprendizaje invaluable. Tuvo la oportunidad de aprender autoestima, autovalía y cómo establecer límites. Si no completó su proceso de aprendizaje cuando se fue de la casa, inconscientemente escogió a una pareja que le ayudara a terminar la tarea que empezó con su padre. Sus elecciones dependieron estrictamente de quién le podría ayudar mejor a alcanzar su meta de esta vida.

¿Siempre tendrá que aprender a las malas? ¿La vida siempre tendrá que ser una serie de experiencias difíciles y traumáticas, una tras la otra? ¡Claro que no!

También tenemos la oportunidad de aprender más fácil y rápidamente para evitarnos gran parte de la lucha y el dolor emocional. Cuanto más rápido tengamos conciencia de cuáles conflictos tenemos pendientes para esta vida y trabajemos para resolverlos, más rápido saldremos del sufrimiento.

La clase de infancia que tuvimos no fue accidental.

Escogimos a nuestra familia para que nos ayudara a resolver nuestros conflictos y evolucionar espiritual- mente. De igual manera, escogimos a nuestra pareja y nuestro trabajo también para que nos ayudaran a resol- ver nuestros conflictos y evolucionar espiritualmente. Aun nuestra condición física es elección nuestra. Esco- gemos el pasado, el presente y el futuro de nuestra salud y nuestros achaques con el mismo objetivo.

Si su auto se avería, no es sólo un tremendo inconve- niente, sucede por alguna razón. Si se gana la lotería, no es sólo un gran golpe de suerte, tiene algún propósito. Si lo llama un amigo del que no ha sabido en años, si pierde su trabajo o si se rompe la pierna esquiando, no es mala suerte ni es accidente.

Todo pasa por una razón. En el universo no existen las coincidencias ni los accidentes.

Dado que cada situación o suceso que le ocurre tiene una buena razón espiritual, decida reconocer qué tiene que aprender de la experiencia y salga de ella lo más pronto que pueda.

Para ayudarle a entender que las coincidencias no existen, le recomiendo que use los siguientes criterios como una herramienta para tomar conciencia de las ra- zones que hay detrás de los problemas o retos futuros que enfrente:

1. Descubra qué conflictos escogió resolver en esta vida preguntádoles a sus Ángeles. Pregúnteles cuá- les ya resolvió y cuáles tiene pendientes.

2. Una vez que tome conciencia de sus conflictos, em- pezará a darse cuenta de por qué escogió relacio- narse con la gente que lo hace y cómo estas personas le brindan la oportunidad de aprender lo que nece- sita para resolver sus conflictos.

3. Cuando se enfrente a una situación difícil o inesperada que está sucediendo por una buena razón, en
lugar de preguntarse "¿Por qué me pasa esto a mí?",
y desperdiciar su valiosa energía en rabia y frustración, concéntrese en la pregunta, "¿Qué debo aprender de esto?"

Si usted ve cada nuevo problema de esta manera, sin
importar cuán grande sea, podrá entender por qué le
está pasando lo que le está pasando y, más importante
aún, tendrá los recursos para encontrar soluciones más
rápidamente que nunca. Si se acoge a la filosofía de "lo
que sucede conviene" y cree que todo lo que le pasa es
por su bien, estará desarrollando una maravillosa herramienta para solucionar sus conflictos con presteza y
con menos dolor. ¡Ya no tendrá que aprender todo a las
malas!

El Aviso

¿Qué pasa si decide no acogerse a la teoría de que no
existen las coincidencias y experimenta continuamente
anhelos desesperados, horribles confusiones y un cír-
culo vicioso improductivo? ¿Qué sucede si sigue sin
tomar conciencia de los conflictos que tiene que resolver en esta vida y se niega a reconocer cuál es la misión
de su vida?

Muy probablemente usted recibirá un *aviso,* un llamado por parte de sus Ángeles, para ayudarlo a avanzar
y tomar medidas, algo parecido a recibir espiritualmente un golpe en la cabeza con un mazo.

Este llamado de atención es como un catalizador en
forma de una serie de sucesos, o un suceso particular,
que claramente nos cambia la vida y nos ayuda a lograr

una mejor calidad de vida para nosotros mismos así como para las personas que nos rodean.

Con mucha frecuencia, el llamado ocurre cuando hemos alcanzado el nivel necesario de experiencia, sabiduría e iluminación para cumplir una tarea espiritual, pero no tenemos todavía la conciencia de en qué consiste dicha tarea y necesitamos un catalizador que nos muestre nuestro propósito.

Cuando se nos hace el llamado, no sólo tomamos consciencia de nuestro propósito, sino que obtenemos la energía necesaria para buscarlo incansablemente. Muchas personas que conocemos han recibido su aviso. Con frecuencia, escuchamos historias de cómo un hecho aparentemente negativo les sirvió de catalizador, cosas como un accidente, una enfermedad o la pérdida del empleo.

El suceso inesperado de perder el trabajo, por ejemplo, puede parecer traumático al principio, pero sirve como aviso para que la persona reencauce su camino profesional hacia una carrera mucho más satisfactoria y, tal vez, abra su propio negocio.

Un llamado es un suceso que ocurre para que reenfoquemos nuestra atención en alguna tarea que nunca hubiéramos considerado o a la que no habíamos prestado atención. Nos brinda un catalizador emocional que nos insta a cumplir el propósito para el cual nacimos. Después de experimentar un llamado, nuestros Ángeles nos ayudan a recuperarnos de la experiencia traumática, sin importar lo difícil que haya sido. Después de ella, somos más fuertes, determinados y mucho más conscientes que si no hubiéramos tenido el catalizador.

Por ejemplo, una persona que ha enfrentado una terrible enfermedad decide reenfocar su atención y dedicarse al activismo, para luchar a favor de mejores beneficios por parte de las compañías de seguros y evitarle así a otros la frustración que tuvo que experimentar cuando estaba enferma. A otra persona, experimentar una invalidez temporal quizás le permita reflexionar sobre su dolorosa infancia y escribir un libro sobre cómo recuperarse del trauma.

El tiempo con el que contamos en el plano físico es muy limitado, y lo que seamos capaces de lograr depende de cuán sabiamente invirtamos nuestros recursos, nuestra energía y nuestro tiempo.

Es de vital importancia que logremos todo lo que podamos mientras estemos en este plano en términos de cumplir la misión de nuestra vida y la resolución de cuantos conflictos sea posible resolver.

El universo nos llamará la atención sólo si no estamos conscientes de cuál es nuestro propósito esencial y la intervención es necesaria para que avancemos productivamente. Se puede considerar este llamado de atención literalmente como un empujón hacia adelante.

En los albores del siglo XX, una mujer perdió a su hermana, pues al descubrir que era adoptada se suicidó. Años después, la mujer se casó y tuvo un hijo que se mató en un accidente aun siendo muy chico.

Estos dos sucesos traumáticos fueron los llamados de atención que inspiraron a Edna Gladney a crear el Texas Children's Home and Aid Society, a través de la cual logró buscar familias que adoptaran a más de doscientos niños. Además, logró que la palabra "ilegítimo" se dejara de usar en todos los archivos oficiales, después de apelar a la asamblea legislativa de Texas.

El Momento Preciso

Después de tener la suficiente agudeza como para preguntarse por qué algo difícil le ha ocurrido, también tiene que preguntarse por qué ocurrió en ese preciso momento. Recuerde que en el universo las coincidencias no existen, ni en términos de por qué algo ha ocurrido, ni de cuándo ha ocurrido.

Tomar conciencia de cuál es el momento preciso es muy importante para tener éxito en cualquier aspecto de su vida. Para asegurar el mayor éxito posible, el universo no dejará que se le presente ninguna oportunidad personal o profesional sino cuando sea el momento indicado.

Uno de los aspectos más frustrantes de la existencia es desarrollar la paciencia necesaria para avanzar hacia nuestras metas personales y profesionales a largo plazo con disciplina y determinación.

Con mucha frecuencia, nos sentimos más que listos para que se presente determinada oportunidad, pero nos toca esperar a que nuestros Ángeles decidan cuándo es mejor para nosotros. Esto les sucede, por ejemplo, a mis clientes en las sesiones privadas, cuando sus Ángeles les dicen que su pareja definitiva no les llegará sino hasta dentro de varios años.

Mis clientes se sienten descorazonados cuando les doy esta información, pues les parece demasiado tiempo para conocer a su media naranja. Usualmente responden: "¡Pero si ya estoy listo para él/ella!"

Si ése fuera el mejor momento, ¡la media naranja ya estaría en escena! Una buena pregunta para hacerles a los Ángeles sería, "¿Por qué éste no es un buen momento? ¿Por qué tengo que esperar?"

Siempre me parecen fascinantes las razones por las

cuales mis clientes tienen que esperar. Puede ser que la otra persona esté todavía casada y tenga que pasar por el divorcio primero, o puede que en este momento la otra persona no quiera comprometerse y el universo desee evitar cualquier contratiempo. También es posible que tenga problemas económicos y no quiera tener una relación seria hasta que pueda aportar económicamente al hogar. Por otro lado, puede que la espera tenga que ver con algún conflicto que mi cliente no ha podido resolver.

Cuando les explico a mis clientes las razones del retraso, usualmente se muestran comprensivos, pues prefieren esperar a que su pareja potencial solucione los conflictos o dilemas que están causando la demora.

El universo esperará y hará que su pareja ideal llegue a su vida en el momento más provechoso para los dos, de manera que tengan el mayor éxito posible en la relación. Cuando entendemos la razón de la demora, el período de espera se hace mucho más fácil y comprensible.

Al responder a una pregunta acerca de por qué se había tomado tanto tiempo para crear y producir su película sobre el holocausto, Steven Spielberg explicó, "Si hubiera hecho *La Lista de Schindler* hace diez años, la hubiera estropeado."

¿Cómo puede estar listo en el momento preciso? En el momento de canalizar con sus Ángeles, traiga a la conciencia los conflictos que aún tiene por resolver en esta vida y haga su mejor esfuerzo para enfrentarlos, superarlos y curarse de ellos. Si siente que necesita acudir a una terapia profesional para resolver sus conflictos, entonces no lo dude, apresúrese y corra al mejor terapeuta que pueda encontrar, no lo deje para después.

Si se esfueza continuamente, por enfrentar sus retos

preguntándose, "¿Qué debo aprender de esto?" no retrasará el proceso de resolución de sus conflictos, cumplirá con sus tareas espirituales y estimulará al universo para que acelere la llegada de sus momentos precisos y se le presenten todas las oportunidades que desea.

Algunas veces podemos sorprendernos ante una oportunidad que aparece de manera inesperada. Debemos recordar que el universo nunca nos ofrece ninguna oportunidad hasta que no somos capaces y estamos espiritualmente preparados para aceptarla.

No importa cuán repentinas sean, es imperativo que estemos a su altura.

Con frecuencia, ciertas oportunidades que no habíamos previsto pueden pasar desapercibidas cuando "nos caen como llovidas del cielo," porque gastamos demasiado tiempo y energía en otras oportunidades que estamos tratando de hacer realidad. Algunas veces, nuestras mayores oportunidades llegan cuando estamos planeando y luchando por otra cosa totalmente diferente.

Hay momentos en los que logramos reconocer una oportunidad inesperada cuando se nos presenta, pero no tenemos la confianza suficiente para orientarnos en su dirección, o nos faltan la energía y la voluntad necesarias para seguir adelante.

Por ejemplo, mis Ángeles me pidieron en repetidas ocasiones que ofreciera seminarios para enseñarles a mis clientes cómo hacer su propia canalización. Durante tres años me insistieron que aprovechara estas oportunidades, pero debido a mi timidez y mi temor a hablar en público, yo siempre vacilaba. Finalmente me convencieron para que diera el seminario sobre los Ángeles argumentando que las conferencias constituían parte integral de mi misión de vida. Aunque la "oportunidad" de hablar frente a un salón lleno de personas era totalmente inesperada, me he puesto a la altura de las circunstancias para enseñar a un gran número de personas a comunicarse con sus Ángeles de la guarda, lo que a la vez me llena de una enorme sensación de gratificación, autorrealización y satisfacción.

¿Qué ocurre con los momentos precisos cuando no aprovechamos las oportunidades, ya sean sean previstas o inesperadas? Perdemos las oportunidades.

A cada uno de nosotros le es concedido un margen de tiempo durante el cual debe aprovechar su oportunidad, de lo contrario esta pasará a otra persona.

Por ejemplo, un hombre conoce inesperadamente a su alma gemela, una mujer que le ofrece la oportunidad de tener una relación de corazón, mente, cuerpo y alma, destinada a culminar en un maravilloso matrimonio. Sin embargo, en ese momento, él no se dio cuenta de la oportunidad magnífica y única que el universo le estaba obsequiando. Aunque se daba cuenta de que ella era su alma gemela, vaciló tanto para conducir su relación de noviazgo hacia el matrimonio, que la perdió en el camino. Dejó que el margen de tiempo que le había sido concedido para la relación se venciera, y la oportunidad de casarse con aquella mujer maravillosa se le presentó entonces a otra persona.

Al adquirir una mayor conciencia de la importancia que tiene saber reconocer el momento adecuado para aprovechar las oportunidades que se nos presentan, experimentamos mucho más éxito en nuestra búsqueda de la felicidad y la realización personal.

Cómo Manifestarse

Manifestarse es hacer realidad aquello que más deseamos para nosotros y para los demás, ya sea un acontecimiento que queremos que suceda, una oportunidad que queremos que se presente, o la abundancia económica que necesitamos para obtener posesiones materiales.

Es nuestra responsabilidad comunicarles directamente nuestros sueños y aspiraciones a nuestros Ángeles de la guarda durante la canalización, y transmitirles la concepción exacta de lo que estamos tratando de alcanzar, de manera que puedan trabajar, tras bambalinas, para ayudarnos a acelerar nuestro progreso.

Un elemento muy importante en el proceso de manifestarse es incluir a nuestros Ángeles en el desarrollo de nuestras metas. No importa cuánto se esfuerce, si está tratando de hacer realidad algo que sencillamente no debe suceder, sus esfuerzos por manifestarse serán en vano. Sus Ángeles pueden ayudarle a establecer pautas realistas para que invierta su energía sabiamente.

El tipo de metas que podemos hacer realidad mediante el proceso de manifestación es ilimitado, como, por ejemplo, aquellas que representan nuestros aspectos emocionales, físicos, espirituales, mentales y económicos esenciales. Tenemos la oportunidad de comunicar nuestras necesidades cuando canalizamos a solas, o como miembros de un grupo cuyos esfuerzos por manifestarse sean capaces de provocar grandes cambios en la vida de sus participantes o de personas que no pertenecen al grupo. Tenemos la maravillosa oportunidad de manifestar por nosotros así como por nuestros seres queridos.

Podemos manifestar para ayudar a otros a forjar una mejor calidad de vida, libre de enfermedad, de lesiones, adicciones, conductas disfuncionales, pobreza e ignorancia espiritual.

La manifestación se me presentó por primera vez hace muchos años, cuando estaba comenzando mi trabajo como psíquica. Me había encontrado con otra "médica metafísica" para almorzar, y ella se estaba quejando de que su auto se estaba volviendo cada vez menos confiable. Me comentó sus planes de comprar un auto nuevo y dijo que iba a comenzar a realizar el proceso de manifestación para obtenerlo.

Yo no tenía la menor idea de qué estaba hablando, así que le pedí que me explicara. Cuando me describió el proceso, me pareció muy difícil de creer. Aunque en aquel momento fui demasiado delicada para decírselo, con mi escepticismo típico, lo califiqué como una pérdida ridícula de tiempo y de energía.

La siguiente ocasión en que nos vimos, ella mencionó su nuevo carro y dijo que había logrado adquirirlo a través del proceso de manifestación, tal como lo esperaba. Luego señaló que había perfeccionado su habilidad de manifestarse, y que estaba recurriendo a ella para alcanzar todo lo que deseaba.

Su éxito despertó mi curiosidad, pero varios aspectos del proceso me resultaban confusos.

Según lo que yo entendía, sólo podíamos acudir a nuestros Ángeles de la guarda para realizar tareas espirituales elevadas. Nunca se me había ocurrido conversar con ellos sobre algo tan material como adquirir un auto u otros objetos materiales.

También me parecía difícil de creer que pudiera lograr lo que más deseaba no sólo por medio del trabajo duro, sino también "depositando energía en el universo," comunicándole a mis Ángeles lo que quería.

Manifestarse sonaba genial en teoría, así que decidí mantener mi mente abierta y probar la teoría en la práctica.

Desde entonces he tenido un gran éxito comunicándole mis deseos a los Ángeles y he sido capaz de manifestar muchas oportunidades, entre ellas, la de tener un negocio productivo en el que realizo la misión de mi vida, convertirme en miembro permanente de un programa de radio, comprar un auto nuevo, ¡e incluso escribir este libro!

Debido a que soy una gran partidaria de compartir, he transmitido la técnica que he desarrollado, simple pero muy efectiva, a muchos clientes que también me han expresado que han obtenido resultados espectaculares. ¡Si sigue mis instrucciones, usted logrará hacer realidad lo que más desea!

Toda la teoría de la manifestación gira en torno a la posibilidad de comunicarles a sus Ángeles aquello que usted más desea. Este proceso puede tomarle un poco de práctica al comienzo, sobre todo si usted no es una persona que tenga grandes destrezas de comunicación.

Lo único que tiene que hacer es decirles a sus Ángeles exactamente lo que desea, en los términos más específicos que pueda.

Antes de canalizar con sus Ángeles para manifestar, asegúrese de tener claro qué desea, por qué lo desea y cuándo lo desea; cuando se trate de cosas materiales, esté seguro de qué tipo, clase o color es el que más quiere.

Es muy importante anotar todas sus preferencias específicas para mantenerse organizado y concentrado en sus metas. Esto permitirá que sus Ángeles entiendan exactamente lo que usted está tratando de comunicarles.

Por ejemplo, si usted quiere que se manifieste una oportunidad de negocio, antes de hablar con sus Ángeles, debe escribir lo siguiente:

Quiero empezar mi propio negocio porque ser empresario es parte de mi misión en la vida, y tener un negocio propio me dará la oportunidad de ofrecer trabajo a otras personas. Quiero producir bombas de aire para bicicletas y venderlas en mi propia tienda y a través de un catálogo. Quiero abrir mi primer negocio durante en el próximo año. (Especifique la fecha.) Creo que necesitaré veinte mil dólares de capital inicial, y necesito que mis Ángeles me ayuden a obtenerlos.

O, si como en el caso de mi amiga, quiere hacer realidad su deseo de un nuevo auto, esto es lo que debe escribir a sus Ángeles:

Quiero un auto nuevo porque el que tengo en este momento ya no es confiable. Quisiera un Honda nuevo, verde esmeralda. (Indique el modelo y el año específico.) Quiero tener el auto nuevo en los próximos noventa días. (Indique la fecha específica.) Necesitaré tres mil dólares de cuota inicial, y para ello necesito que mis Ángeles me ayuden a lograrlo.

O tal vez usted quiera encontrar una pareja ideal. Para esto, antes de hablar con sus Ángeles, debe escribir lo siguiente:

Quiero una pareja ideal con quien compartir una relación de corazón, mente, cuerpo y alma, pues en este momento estoy listo(a) para un compromiso. Quisiera que esa persona llegara a mi vida durante este verano. (Indique la época o la fecha específica.) Quisiera estar casado(a) para esta época del año. (Especifique la fecha. También debe hacer una lista con las características exteriores e interiores que quiere que la persona tenga.)

¿Qué ha ocurrido en aquellos casos en que ha fijado sus metas y las ha manifestado como loco, pero todo ha sido en vano? Ha cometido uno de los dos errores más comunes. En primer lugar, ha olvidado preguntarles a sus Ángeles si la situación que desea es la más benéfica para usted. En segundo lugar, puede haber descuidado alguna dinámica que sus Ángeles le hayan comunicado.

Quizá una de sus metas sea establecer una relación con su nuevo vecino. Usted está muy emocionada por la química que siente cuando lo ve y empieza a crear la oportunidad para encontrarse con él y salir juntos. Pero pasan los meses y él aún no la ha invitado a salir, ni siquiera para tomar un café. Debido a su frustración, canaliza con sus Ángeles, y les pregunta por qué parece que no logra manifestar esta oportunidad. Ellos le explican que este hombre no es una pareja ideal para usted y que si usted de alguna manera hubiera entablado una relación con él, habría sido infeliz. Al tratar de hacer realidad una relación que no conduce a nada, estaría perdiendo su tiempo por completo.

Otro ejemplo: Supongamos que usted detesta su trabajo y tiene puestas todas sus ilusiones en comenzar su propio negocio. Ya ha canalizado con anticipación, y sus Ángeles le han confirmado que usted está hecho para ser empresario. Usted abre una fábrica de lámparas y se esfuerza todo los días para que tenga éxito, pero la empresa tiene malos resultados. Debido a su frustración, usted canaliza de nuevo con sus Ángeles y les pregunta por qué no ha tenido éxito con el negocio. Ellos le explican que aunque usted sin duda está hecho para tener su propio negocio, pasó por alto sus instrucciones de iniciar una empresa de impresión y, en su lugar, optó por invertir su tiempo, energía y recursos en producir lámparas. No importa cuánto haya trabajado para construir la empresa de lámparas, usted está destinado a hacer algo diferente que le traería mucha más satisfacción y una mejor compensación económica.

No desperdicie su tiempo y energía negándose, tratando tercamente de hacer realidad algo que no es la mejor alternativa u oportunidad para usted. Los únicos casos en los que usted tiene dificultad para manifestar es cuando se concentra en una persona, lugar o cosa que, en última instancia, no lo hará feliz. Si sus intentos de lograr algo no están dando resultado, quiere decir que hay alguien o algo mucho mejor esperando por usted en otro lugar. Sólo tiene que pedirles a sus Ángeles que le den más orientación, y usted estará destinado a alcanzar el éxito en cualquier cosa que intente manifestar.

Cuando haya canalizado con sus ángeles y les haya comunicado verbalmente aquello en lo que quiere ellos le ayuden a manifestar, debe revisar todos los días aproximadamente por un minuto las metas que ha escrito, para reafirmar que usted aún está interesado en alcanzar o adquirir lo que les había expresado.

Recuerde, al hacer su lista escrita, sea realista con su tiempo. Deles a sus Ángeles un margen de acción para que puedan trabajar tras bambalinas para ayudarle. ¡Incluso a ellos puede parecerles imposible ayudarle a manifestar algo para las cuatro de la tarde del día de hoy o para mañana al medio día!

CAPÍTULO SIETE

Descubra su Historia Personal

El Banco de Memoria del Alma

Existen dos fuentes de información intuitiva. Una de ellas proviene directamente de nuestros Ángeles, a través del proceso de canalización. La otra fuente de conciencia intuitiva es el alma, que se encuentra en el interior de cada ser humano.

Cuando realizo una sesión canalizada para un cliente, con frecuencia puedo "ver" psíquicamente su alma como un órgano situado justo detrás el corazón. En efecto, en algunas lecturas, tengo acceso a información tanto de sus Ángeles como del interior del banco de memoria de su alma.

El alma es la única parte de nosotros que sobrevive, en el plano físico, en el que nos encontramos ahora, y en el cielo, cuando el cuerpo físico llega a su fin. Aunque alternamos entre el género femenino y el masculino y tenemos personalidades muy distintas en cada una de nuestras vidas físicas, nuestras almas siguen un eterno proceso transicional, mientras vamos y venimos del plano físico al plano espiritual.

A lo largo de cada una de nuestras vidas en el plano físico, incorporamos o agregamos cada nueva experiencia que vivimos. Todo el conocimiento que adquirimos a partir de los conflictos que resolvemos llega al banco de memoria del alma. Así que en cada vida sucesiva, cuando regresamos al plano físico, traemos una sabiduría, madurez e iluminación cada vez mayores, que hemos ganado en todas las vidas anteriores.

Nuestras almas son uno de los regalos más grandiosos de Dios, porque ellas conservan el testimonio de nuestra historia personal a lo largo de nuestras vidas. Es casi como un álbum espiritual de fotografías que podemos revisar en cualquier momento para ayudarnos a "recordar" quiénes somos, dónde hemos estado y hacia dónde vamos en cada una de nuestras vidas en el plano físico.

¿Cuál es la diferencia entre la orientación que nos dan los Ángeles a través del proceso de canalización y la información a la que tenemos acceso mediante el banco de memoria de nuestra alma?

El banco de memoria del alma es una fuente que contiene una gran cantidad de información intuitiva que nos ofrece el mapa, o el itinerario para esta vida. Nuestros Ángeles nos ayudan a alcanzar lo que está en nuestro itinerario espiritual dándonos instrucciones, consejos, y ayudándonos a medir constantemente nuestro progreso.

El alma guarda en su interior grandes reservas de información, similares a un disco de computadora. Esta información, fascinante y reveladora, está a su disposición en cualquier momento, y contiene toda la historia personal de cada una de sus vidas anteriores. Sin el conocimiento y la conciencia de su experiencia pasada, usted permanece en un estado de amnesia espiritual. El alma es un libro abierto que le permitirá descubrir valores escondidos y otros aspectos esenciales de su autoconciencia, que resultarán invaluables en su habilidad para alcanzar el crecimiento y la seguridad emocional, espiritual y económica.

¿Cómo puede tener acceso a la información del banco de memoria de su alma?

Recuperar información de su "archivo" personal es increíblemente fácil. Al igual que con la canalización, usted ha tenido la habilidad de ingresar a la memoria de su alma desde la infancia, aunque quizá nunca haya sido conciente de este proceso.

Como mencioné antes, el alma está localizada en el cuerpo humano, justo detrás del corazón. Aunque no sea perceptible a simple vista, puede "verse" psíquicamente como un órgano tangible. El alma desempeña una función de vital importancia: transmite información intuitiva y espiritual para ayudarle y asesorarle en todas sus decisiones.

Está programada con todas las experiencias previas de sus vidas pasadas, sus talentos y habilidades únicas. Es un registro de todas las decisiones que tomó antes de que volviera a nacer en el plano físico en esta vida, incluso su misión en la vida, sus conflictos y la identidad de esa persona especial que ha de ser su alma gemela.

El propósito de su alma es ayudarle a forjar un camino que lo conduzca a la realización personal, la autoconciencia e iluminación espiritual en cada una de sus vidas. El alma alcanza este objetivo compartiendo con usted toda la información que compone su historia personal.

El alma se encuentra justo detrás del corazón, pues desde allí puede transmitirle información, a través de lo que siente emocionalmente. Usted obtiene información de su alma cada vez que siente.

Los seres humanos empleamos dos métodos distintos para tomar decisiones en nuestra vida diaria.

El primer método consiste en pensar en lo que haremos, mediante la reflexión analítica del hemisferio izquierdo. Esto generalmente requiere bastante tiempo, pues considero que el cerebro es uno de los órganos más lentos del cuerpo. El cerebro también es la fuente de todas nuestras cintas negativas, que entran inoportunamente en acción cuando estamos tratando de tomar una decisión importante.

Por ejemplo, acaban de ofrecerle un nuevo trabajo. Usted empieza a tomar su decisión mediante los procesos de pensamiento del cerebro e, inmediatamente, sus ideas negativas empiezan a brotar: "No soy lo suficientemente bueno, o lo suficientemente inteligente para este nuevo trabajo"; "¿Y qué tal si no le agrado al nuevo jefe?"; "Detesto el trabajo que tengo en este momento, pero al menos es algo seguro…"

El cerebro lo vuelve incapaz de tomar decisiones realmente sabias, pues es la fuente de los pensamientos negativos que se repiten una y otra vez en su mente, asustándolo e impidiéndole actuar. Peor aún, él desconoce por completo sus informaciones intuitivas.

El otro método que usamos para tomar decisiones consiste en acudir al *sentir,* o apelar a nuestros instintos, es decir, sentimos cuál es el camino que debemos seguir para hallar una respuesta o solución. Cuando sentimos, llegamos a las soluciones muy rápidamente, de manera espontánea y con más confianza. A diferencia de lo que ocurre con el cerebro, en el corazón no hay grabaciones que repitan pensamientos negativos.

Por el contrario, lo que en realidad oímos a través del corazón es al alma que nos transmite una información que se ajusta a nuestras necesidades, nos apoya y estimula, dando así paso a la calma y la confianza en el proceso de toma de decisiones.

Usted tendrá acceso a la información del alma si toma las decisiones con sus sentimientos en lugar de hacerlo a partir de lo que su cabeza le dice que haga. Así pues, para poder recibir más información de su alma, tiene que vivir su vida a través de sus sentimientos.

Por ejemplo, una persona que es exclusivamente una persona *cerebral* recibirá muy poca información del alma. Una persona *emocional* puede obtener toda la información que se encuentra dentro de su alma simplemente al actuar de acuerdo con sus sentimientos regularmente.

El acceso a la información del alma podría compararse con el levantamiento de pesas. Así como usted cuenta con su alma, su cuerpo está dotado de músculos. Si comienza a levantar pesas, empezará despacio, desarrollando una conciencia de su cuerpo físico, como desarrolla una conciencia de su cuerpo emocional cuando usa sus sentimientos.

Tras una período corto, se habrá familiarizado bastante bien con su cuerpo físico y con lo que le dice sobre su capacidad para desarrollar músculos. Con esa misma facilidad reconocerá lo que le dice su alma acerca de su habilidad para alcanzar una felicidad, paz y satisfacción mayores.

El alma funciona de una manera tal que se ajusta a sus necesidades. Sólo transmitirá pequeñas cantidades de información, hasta que solicite más información emocionalmente. El dilema que experimentan los cerebrales consiste en librar una batalla incesante entre lo que su cabeza les dicen que hagan y lo que sus almas tratan de comunicarles a través de sus sentimientos.

Cada vez que usted actúa de acuerdo con sus sentimientos, envía a su alma una solicitud para que le transmita más información. Cuanta más información le pida a su alma actuando de acuerdo con sus sentimientos, mayor será la cantidad de energía que ella ponga a su disposición. Al apagar los procesos de pensamiento y desarrollar el cuerpo emocional, usted aumentará el flujo de información que es transmitida a una corriente continua de conocimiento y conciencia.

Ahora que ya está familiarizado con el proceso de obtener acceso a la información del alma, es importante que entienda todo lo que se encuentra en el banco de memoria de su alma.

El Expediente Completo de sus Vidas Pasadas

Nuestra alma es un órgano realmente asombroso. Tiene la capacidad de guardar una cantidad infinita de información pero, a diferencia de una computadora, nunca se desconecta, no pierde los datos ni se niega a recuperar información vital o se vuelve obsoleta.

Saber cuántas vidas pasadas han vivido, es un tema que despierta gran curiosidad en muchos de mis clientes. Preguntan, "¿He tenido alguna vida pasada? No estoy seguro, pero creo que he tenido varias."

Normalmente, lo que descubro cuando tengo acceso a la información de sus almas es que han tenido *miles* de vidas pasadas. Esto es cierto para la mayoría de las personas que he recibido en mi consultorio y probablemente también lo sea en su caso.

Tome una hoja de papel y anote sus ideas acerca de los siguientes temas. Este es un ejercicio muy útil para ayudarle a descubrir cuánto está avanzando en realidad.

Concéntrese por un momento en los últimos cinco años de su vida.

1. ¿Qué obstáculos o dificultades encontró?

2. ¿Qué aprendió de estas dificultades?

3. ¿Qué aprendió de las personas que forman parte de su vida?

4. ¿Qué descubrió acerca de las personas que forman parte de su vida?

5. ¿Qué conflictos resolvió?

6. ¿Qué oportunidades creó y/o aprovechó?

7. ¿Reorientaron estos últimos cinco años sus objetivos y deseos? De ser así, ¿cómo sucedió?

8. ¿Qué situaciones o experiencias no se esperaba?

9. ¿Cómo han cambiado su filosofía, pensamientos, opiniones y sentimientos sobre la vida a partir de lo que ha experimentado?

10. ¿Qué ha descubierto sobre sí mismo en estos últimos cinco años?

Suelo llamar a este ejercicio "examen del alma" porque proporciona una conciencia tangible, centrada, de cuánto ha cambiado y modificado el rumbo su vida en un período relativamente corto. Mi vida cambia tan rápido que generalmente realizo este ejercicio todos los años, en el día de mi cumpleaños, para que me ayude a recordar todo lo que he logrado, a concentrarme en todo lo que he aprendido sobre mí y sobre los demás, y a descubrir qué me ha faltado para alcanzar mis metas.

Ahora que ya ha hecho el ejercicio, probablemente esté asombrado de ver lo mucho que estos cinco años han afectado la manera en que piensa y se siente acerca de sí mismo, la manera como ve a las personas que son parte de su vida, y la manera sorprendente en que han cambiado su rumbo, sus metas y deseos.

Al realizar el ejercicio de "examen del alma" podrá reconocer fácilmente su constante crecimiento espiritual y emocional, que le darán la conciencia necesaria sobre cuánto y cuán rápido está evolucionando.

Basándose en lo que ha descubierto sobre su evolución durante los últimos cinco años, piense en cuánto crecimiento y desarrollo ocurrirá a lo largo de toda una vida. Luego visualice la gran extensión que ha alcanzado su desarrollo espiritual y emocional a lo largo de miles de vidas pasadas y obtendrá una noción de cuánta información guarda el banco de memoria de su alma, que está disponible para usted en cualquier momento.

Debería sentir curiosidad acerca de sus vidas pasadas, pues representan su historia personal. Puede acceder a la información de su vida pasada a través del banco de memoria de su alma, como, por ejemplo, el período en el que ha vivido, dónde ha vivido, si era hombre o mujer, y si compartió o no otras vidas pasadas con algunas de las personas que actualmente forman parte de su vida.

Obtener información de su alma sobre sus vidas pasadas es una experiencia fascinante, casi como ver una película. Es bastante similar a ver un video en televisión en el que usted, efectivamente, puede sumergirse y tener la capacidad de ver, oír, oler, sentir y ser realmente parte del pasado tal como usted lo vivió alguna vez. También tendrá la maravillosa oportunidad de "ver" personas que forman parte de su vida actual, con las que compartió una vida pasada.

Sé que suena tonto, pero en una época tuve miedo de que si "regresaba" a una vida pasada, en cierta manera me quedaría estancada allí y no podría de volver a mi vida actual. Sin embargo, he descubierto que es imposible permanecer en una vida pasada, incluso si así lo quisiera.

Cuando regresamos, o visitamos una de nuestras vidas pasadas, sólo obtenemos acceso a una memoria de lo que existía antes gracias a un archivo que conserva nuestra alma. Nuestros viajes a vidas pasadas, por más reales y vívidos que puedan parecer, no son más que recuerdos espirituales del pasado. Aunque los Ángeles pueden suministrar información sobre una vida pasada, es fascinante obtener recuerdos de vidas pasadas a través del alma, pues así tenemos la oportunidad de volver personalmente y observar lo que sucedió, en lugar de enterarnos de ello simplemente a través de nuestros Ángeles.

Para acceder a los recuerdos de vidas pasadas, escoja un ambiente tranquilo, donde nadie lo interrumpa. Le recomiendo que se siente en una silla, en lugar de acostarse, pues si queda demasiado cómodo, ¡puede terminar por dormirse! Cierre los ojos y dígale a su alma que quiere abrir el archivo de su vida pasada. Si ya tiene una conciencia intuitiva de una vida pasada específica, puede pedirle a su alma que empiece la regresión en ese período.

En su mente, imagine frente a usted una escalera que conduce hacia una puerta de color azul claro. Del otro lado de la puerta, se encuentra una de sus vidas pasadas. Imagínese a usted mismo subiendo lentamente cada peldaño y, mientras lo hace, dígase a sí mismo que está cada vez más relajado.

Cuando llegue al final de las escaleras, abra lentamente la puerta azul, atraviese el umbral y camine de vuelta a su vida pasada.

Mientras está allí, tenga presente que el alma ha puesto a su disposición las imágenes que "ve" porque encierran la clave del conocimiento que usted necesita ahora como ayuda para encontrar la solución a un problema, despejar una confusión que tiene en este momento o ayudarle a tomar una decisión sobre una oportunidad cercana.

Cada vez que le pida a su alma que le permita ingresar a los archivos de sus vidas pasadas, puede volver a la misma vida que ya ha visitado o puede visitar otra vida completamente diferente.

No se sienta frustrado o decepcionado si regresa una y otra vez a la misma vida pasada. Recuerde que su alma está tratando de darle la información intuitiva que usted necesita, y que seguirá proporcionándole una visión de la misma vida pasada hasta que usted haya alcanzado una conciencia o comprensión de su importancia. Si ha tratado de interpretar la información que su alma le está suministrando y todo ha resultado en vano, recuerde que siempre puede pedirle ayuda y orientación a sus Ángeles.

Hasta que no desarrolle plenamente su habilidad para lograr acceso a la información, sus primeros intentos de recuperar el archivo de su vida pasada pueden parecer confusos. Tal vez "vea" pequeños fragmentos de una vida pasada; al principio, su visión puede parecer poco comprensible. Con la práctica, desarrollará su habilidad para ver imágenes claras y vívidas de sus vidas pasadas, suministradas por el banco de memoria de su alma.

Sus Dones, Talentos y Habilidades Ocultos

Al obtener acceso a la información de sus vidas pasadas a través de su alma, también alcanzará una conciencia de sus dones, talentos y habilidades ocultos.

Me refiero a estos atributos y niveles de experiencia como cualidades "ocultas" porque la mayoría de las personas no tienen idea de lo talentosas que son.

He recibido a cirujanos reconocidos en todo el país, actores famosos, funcionarios que tienen altos cargos políticos, empresarios exitosos, así como a escritores y artistas aclamados por la crítica, que han revelado en sus sesiones privadas de canalización que no tienen idea de qué dones o habilidades poseen. Con toda seriedad, me piden canalizar con sus Ángeles ¡para descubrir si en realidad tienen algún talento único o especial!

Es sumamente importante concentrarse en los dones, talentos y habilidades que tuvimos en vidas pasadas. Si nunca nos enteramos de lo que logramos en el pasado, no tendremos una idea real de quiénes somos o dónde estamos en el presente, lo que nos impide tomar decisiones apropiadas acerca de adónde somos capaces de llegar en el futuro.

Si su alma le informa que usted sería un buen escritor pues ya ha escrito en una vida pasada, confíe en ello. Si su alma le dice que usted está hecho para ser empresario porque tiene experiencia previa de una vida pasada, ¡empiece como sea su propio negocio!

Al exclamar con pesimismo: "¡No soy capaz!" o "¡Nunca antes lo he hecho!" o "¡Nunca creí que pudiera hacerlo!" o "Y si tengo ese talento, entonces, ¿por qué no lo sé, y cómo puede ser que haya empezado a ejercerlo antes?", sólo retrasará su progreso para alcanzar lo que realmente desea. Sea receptivo a la inmensa riqueza de información que su alma le transmite.

En otras palabras, ¿recuerda cuando montaba en bicicleta de niño? Si un amigo lo invitara a montar en bicicleta este sábado por la mañana, recordaría la experiencia que tuvo en la infancia y sentiría confianza en su habilidad, incluso si hace varios años no lo hace.

Quizás el verano pasado usted haya ayudado a un amigo a construir un patio de ladrillo. O tal vez haya aprendido a montar a caballo, haya tenido una cita o haya aprendido a nadar estilo pecho en la piscina del jardín de la casa de algún familiar.

Si pensara intentar alguna de estas actividades de nuevo, no se sentiría incapacitado por la ansiedad o la inseguridad, pues recordaría su experiencia previa. Incluso si no fuera una gran experiencia, aun así sería conciente de que aquello había sido un logro. No tendría ningún temor a lo desconocido. Tendría la confianza de saber que ya ha tenido una experiencia anterior.

Es exactamente el mismo proceso con la experiencia de las vidas pasadas. Si ya ha alcanzado algo, la habilidad y el talento ya se encuentran allí, para que usted acuda a ellos cada vez que lo desee.

Además de la canalización con sus Ángeles, tendrá la oportunidad de obtener acceso a información sobre sus talentos, dones y habilidades mediante el banco de memoria de su alma, para descubrir lo que ya ha logrado en vidas anteriores.

Por ejemplo, si usted fue un atleta olímpico en otra vida, estará dotado atléticamente en todas sus vidas futuras. Si usted fue granjero en una vida anterior, estará dotado con la habilidad de criar ganado y obtener éxito en sus cosechas en todas sus vidas siguientes. Si en una vida pasada fue un famoso pistolero en el Viejo Oeste, probablemente se sienta muy cómodo montando a caballo y tenga una puntería precisa en todas sus vidas futuras.

Una vez que hemos desarrollado un talento, nos acompaña como parte del banco de memoria de nuestra alma durante toda la eternidad. Por esto, si trata de hacer algo que nunca había intentado y sobresale en ello rápidamente, ¡tenga la seguridad de que lo había hecho en una vida pasada!

Sus Temores y Ansiedades Actuales

El origen de todos sus temores y ansiedades actuales puede rastrearse hasta tres fuentes diferentes. En primer lugar, usted puede estar experimentando imágenes psíquicas o clarividentes que le están advirtiendo acerca de algo que probablemente sucederá en el futuro cercano.

Segundo, usted puede estar preocupado innecesariamente por una situación que nunca ocurrirá. Este fenómeno que simplemente consiste en "pensar demasiado," lo explicaré con detalle en el Capítulo Ocho.

Tercero, puede tratarse de miedos y ansiedades que tienen origen en vidas pasadas.

¿Cómo puede diferenciar correctamente entre los tres? Mediante la canalización con sus Ángeles.

He descubierto que la mayoría de los temores provienen de vidas pasadas. Si usted tiene un miedo aterrador al agua, es muy probable que en otra vida se haya ahogado. Si le tiene miedo al fuego, las serpientes o a volar, le aseguro que si explora sus vidas pasadas mediante de la información que el alma pone a su disposición, descubrirá que su temor no es ridículo ni tonto, sino muy justificado y que deberá concentrarse en curarlo y resolverlo. No podemos curarnos de algo hasta que no sabemos exactamente de dónde proviene y cómo comenzó.

Cuando era pequeña, vivíamos cerca de la línea del tren. Recuerdo estar en la cama, tarde en la noche, y sentirme abrumada por un terrible temor cuando el tren pasaba con gran estruendo por el vecindario. Puedo recordar vívidamente que pensaba: "¡Pobre gente que va allá dentro!"

También me sentía muy confundida cuando niña pues experimentaba un terror espeluznante de viajar a Alemania.

Además, tenía pesadillas horribles en las que me encerraban contra mi voluntad, y cuando iba como pasajera en un auto, comenzaba a respirar agitadamente siempre que pasábamos cerca de alguna cárcel.

Me preguntaba de dónde vendrían estas sensaciones, y con frecuencia me desconcertaba saber que yo era la única que abrigaba estos temores en mi familia.

Durante mis primeros intentos por obtener acceso a la información de mi alma sobre vidas pasadas, inmediatamente empezaba a "ver" imágenes claras de mi última vida, que ocurrió en Francia durante la Segunda Guerra Mundial. En mi última vida, de niña, me habían forzado a entrar a un vagón de carga para hacer el tenebroso viaje hacia el campo de concentración Bergen-Belsen, en donde estuve interna hasta que morí de tifo.

Esas imágenes de mi vida anterior, proporcionadas por mi alma, me ayudaron a aclarar mi confusión y me armaron con una conciencia acerca de dónde exactamente se originaban mis temores y ansiedades.

Al tener la oportunidad de "ser testigo," físicamente, de lo que había sido obligada a soportar durante esa vida, me pareció perfectamente normal que esos temores continuaran formando parte de mi psiquis. Me sentí reivindicada gracias a esta nueva comprensión de las razones lógicas que se escondían tras mi temor, y rápidamente fui capaz de curame y resolver esos problemas.

Si usted está tratando de resolver ciertos miedos y ansiedades y no mira atrás, hacia su vida pasada, sólo se concentrará en un pequeño fragmento del problema. No importa cuánto se esfuerce y cuán bueno sea su terapeuta, sus conflictos pueden continuar irresueltos, pues sólo estará tratando los síntomas de sus ansiedades en lugar de abordar productivamente la causa original.

Su Misión en la Vida

Para la mayoría de las personas, las dos mayores fuentes de frustración espiritual son la falta de conciencia de sus talentos, dones y habilidades, y una desorientación general acerca de la naturaleza de su misión en la vida.

Además de que esta información está a su disposición fácilmente a través de sus Ángeles, se alegrará de saber que su alma conserva la información vital sobre las decisiones que usted ha tomado acerca de su misión vital en otras vidas.

El banco de memoria de su alma está programado con información exacta a la que usted tendrá pleno acceso en tanto se refiera a cómo debe emprender su misión en la vida y al espacio de tiempo en el que tendrá la mejor oportunidad de hacerlo. Recuerde que usted eligió este período específico para estar en el plano físico. La obra que escogió realizar en esta vida refleja esas oportunidades, que están disponibles ahora, en este preciso momento.

Por ejemplo, la misión que hubiera elegido si hubiera vivido durante la Revolución Francesa o la Guerra Civil de Estados Unidos seguramente hubiera sido muy diferente a lo que usted ha escogido para esta vida.

Si usted fuera mujer, ciertos tipos de misiones de vida hubieran estado completamente prohibidos para usted. Piense cuánto más grandes son sus opciones y oportunidades ahora de lo que eran apenas treinta o cuarenta años atrás.

La mayoría de las personas limitan drásticamente el campo de lo que creen que pueden conseguir, porque permanecen completamente ignorantes acerca de sus talentos, dones y habilidades. Una vez tenga acceso a esa información a través de su alma, contará con un punto de vista mucho mejor y un nivel de confianza mayor para lograr todo lo que conlleva su misión en la vida.

¿Cómo puede lograr acceso a la información sobre su misión en la vida a través del alma? Pregúntese qué le están diciendo sus sentimientos. ¿Cuáles son sus sueños?

Tal vez siempre haya soñado con ser el dueño de un centro de asistencia médica, o ser abogado, chef, o terapeuta en masajes.

¿Cómo puede darse cuenta de que no está ejerciendo su misión en la vida actualmente? ¿Se siente infeliz, aburrido, insatisfecho, sin retos ni estímulos, y no está recibiendo una remuneración adecuada? De ser así, puede dar por hecho que debe procurar alguna información de sus Ángeles o del banco de memoria de su alma para descubrir con exactitud cuál es en realidad su misión en la vida.

Su alma le dirá qué ocupación lo haría más feliz y le permitiría hacer una mayor contribución a los demás, al inundar su corazón de sentimientos.

Si usted es un pensador y le cuesta mucho trabajo entrar en contacto con sus sentimientos, el siguiente ejercicio le ayudará a volverse más sensible a la información que su alma trata de suministrarle. Es un excelente método de examen del alma incluso para las personas más "mentales." Después de terminar el ejercicio, ¡tendrá un conocimiento específico de su misión en la vida!

Qué camino profesional escogería si:

- ¿Tuviera que trabajar?
- ¿Sólo le quedara un año de vida?
- ¿Tuviera que producir un cambio significativo en la vida de otra persona desempeñando un servicio o suministrando un producto necesario?
- ¿Independientemente de la carrera elegida, supiera que no fracasará?
- ¿Tuviera el capital inicial disponible fácilmente?
- ¿Contara con el apoyo emocional de su familia y amigos con respecto a su elección profesional?
- ¿Tuviera garantizada su seguridad económica?
- ¿Alcanzara la realización emocional, mental y económica?

Sus Conflictos por Resolver

Además de la necesidad de lograr su misión de vida, la principal razón por la que continuamos volviendo al plano físico es la resolución de nuestros conflictos. Es cierto que podemos preguntarle a nuestros Ángeles acerca de los conflictos que debemos resolver, pero también podemos tener acceso a esa información sobre los retos que enfrentamos en esta vida mediante el banco de memoria del alma.

Algunos conflictos son tan difíciles, que naturalmente vacilamos antes de afrontarlos. Este tipo de dificultades esenciales suelen abarcar varias vidas hasta que logremos resolverlas exitosamente.

Si exploramos la historia de un conflicto a través de

los recuerdos de nuestra alma sobre nuestras vidas pasadas, podemos llegar a conocer cómo curarnos y resolverlo con eficacia sin crear ningún dolor o sufrimiento adicional.

La Identidad de la Pareja Ideal

Antes de volver a nacer en cada vida, decidimos quién será el mejor compañero para nosotros, la persona con quien tendremos la oportunidad de disfrutar de una relación de corazón, mente, cuerpo y alma.

La unión con el alma gemela es diferente de todas las demás, pues se trata de un regalo que nos da el universo. Una vez que hemos encontrado a nuestra alma gemela, no tenemos que seguir viviendo las difíciles "experiencias de aprendizaje" que ocupan buena parte de relaciones menos iluminadas. Los Ángeles siempre describen el encuentro con el alma gemela como un suceso extraordinario que nos cambia la vida, y que reconocemos como un hecho tremendamente importante en el mismo momento en el que ocurre gracias a los sentimientos que inspira.

¿Cómo podemos reconocer a nuestra media naranja? ¿Cómo recordamos espiritualmente con quién decidimos pasar nuestra vida? ¿Cómo aprendemos a diferenciar entre esa persona y todos los otros hombres y mujeres del universo? ¿Alguna vez ha oído a alguien hablar sobre la primera vez que se encontró con su alma gemela? Generalmente describe ese momento con palabras como: "¡Increíble! ¡Supe que me casaría con él desde el primer momento que lo vi!" o "¡Supe que sería mi esposa desde nuestra primera cita!"

Las relaciones entre almas gemelas avanzan más rápido que cualquier otra, porque en su corazón, cada uno muy pronto se da cuenta de que el otro es la persona con la que debe compartir su vida en paz, armonía y autorrealización. Usted percibirá a su pareja ideal en el momento en que la conozca, pues su alma le transmitirá una información y una conciencia inconfundibles.

El Propósito de sus Relaciones Actuales

Cada una de las personas que conocemos tiene un propósito diferente en nuestras vidas y es muy probable que sea alguien con quien ya hemos compartido una vida anterior.

¿Cómo puede volverse más sensible hacia las personas que han sido parte de su vida antes?

¿Alguna vez ha tenido la experiencia de conocer a alguien que de inmediato le agrada, por quien siente afecto y percibe intuitivamente que de alguna manera ya conocía? En esas ocasiones usted experimenta un encuentro con una persona con la que compartió una vida pasada muy positiva.

¿Alguna vez ha conocido a alguien que inmediatamente le desagrada y le produce repulsión? En esos casos usted experimenta otro tipo de encuentro, esta vez con alguien conocido de una vida pasada con quien su relación previa fue difícil o traumática. Es sumamente importante que desarrollemos nuestra habilidad para reconocer el propósito que cada persona debe jugar en nuestras vidas.

Cuando estamos en el cielo, tomamos una decisión mutua con las personas con quienes planeamos interactuar en el plano físico, mucho antes de renacer en cada nueva vida.

Por lo tanto, tenemos una responsabilidad espiritual con nosotros mismos y con las otras personas que forman parte de nuestras vidas de reconocer el tipo de relación que debemos tener con ellos así como de honrar y cumplir nuestras promesas espirituales.

¿Cómo podemos reconocer el papel que los demás deben jugar en nuestras vidas? Tenemos que tomar una decisión acerca de cómo debemos actuar con cada persona que conocemos; para ello, tenemos que prestar atención a la información que nos provee nuestra alma a través de los sentimientos.

Canalización y Religión

La primera vez que alguien tiene una sesión privada de canalización en mi consultorio, generalmente me pregunta sobre mis convicciones espirituales y si creo en Dios. También me pide que le explique las diferencias, si es que existen, entre la religión y la espiritualidad.

De niña fui criada en la religión católica y durante muchos años asistí semanalmente del catecismo. Luego estudié en la Universidad de Loyola, una institución católica que se enorgullece de estimular a sus estudiantes para que desarrollen y fortalezcan sus creencias religiosas.

Ahora me considero una católica "en recuperación," no porque sienta alguna animadversión frente a la religión en sí, sino porque mi creciente iluminación me ha abierto nuevas puertas inspiradoras y me ha ayudado a ampliar mis horizontes, y la estricta doctrina de la Iglesia Católica ya no satisface mis necesidades espirituales.

Las que siguen son algunas opiniones personales que he desarrollado a partir de mi amplio trabajo con los Ángeles así como de mi familiaridad cada vez mayor y el contacto diario con el plano espiritual. El objetivo de estas opiniones es explicarle y aclararle, más que convencerlo y convertirlo a mis creencias religiosas o espirituales.

A pesar de que es muy importante estar abierto a nuevas ideas y filosofías, también es fundamental conservar sus creencias, sin importar lo mucho que alguien trate de convencerlo de lo contrario. Creo que los adultos tenemos que decidir por nosotros mismos en qué creer y cómo practicar nuestras creencias. También he llegado a reconocer que cada uno de nosotros tiene un concepto diferente de Dios, nuestros Ángeles y el universo, debido que a la historia de nuestras vidas pasadas es única y nos encontramos en distintos niveles de iluminación.

En términos de mi filosofía espiritual personal, tengo una fe inquebrantable en que existe un Dios en el universo, al que los Ángeles algunas veces se refieren como "la luz blanca."

También he desarrollado una devota reverencia y una profunda confianza en los miles de Ángeles a los que he servido como canalizadora y quienes expresan un amor incondicional y un compromiso desinteresado por aquellos de nosotros a los que apoyan, guían y protegen en el plano físico.

La oración es una de nuestras actividades diarias más importantes; rezamos cada vez que nos comunicamos con nuestros Ángeles a través del proceso de canalización.

No necesitamos la presencia de un sacerdote, rabino o ministro para poder hablarle a Dios o a nuestros Ángeles; tampoco tenemos que estar en una iglesia, templo o cualquier otra casa de culto para poder hacerlo. Tenemos la maravillosa oportunidad de orar en cualquier momento y en cualquier ambiente que elijamos.

La religión es la encarnación de la fe organizada, alrededor de la cual las personas se reúnen con el propósito de rezar, compartir y observar las creencias particulares de esa fe. En muchas religiones organizadas, se estimula a las personas a buscar consejo e instrucción de líderes religiosos para ayudarlos a superar asuntos difíciles y acercarse a Dios.

La espiritualidad es la encarnación de creencias observadas y ejercidas individualmente sin restricciones ni regulación de un dogma religioso o una doctrina. En ella, los individuos acuden a la orientación directa de Dios, sus Ángeles y sus almas cuando buscan soluciones, guía y consejo.

¿Una persona puede aceptar la espiritualidad y la religión al mismo tiempo? ¡Por supuesto! La espiritualidad y la religión se asemejan, pues ambas intentan enseñar los principios básicos del bien y el mal, ofreciendo pautas morales para conducir nuestra vida y la manera en que interactuamos con los demás.

Bien sea que cada uno individualmente elija la espiritualidad independiente o una forma organizada de religión, o una combinación de las dos, observar y conservar estas valiosas enseñanzas es sumamente importante para nuestro continuo crecimiento y evolución espiritual.

¿Cómo debe decidir cuál filosofía hacer suya? ¿Cuál es la mejor manera de desarrollar las creencias espirituales o religiosas que mejor se acoplen a su estilo de vida y representen su creciente iluminación?

Conozca varias religiones, asista a sus servicios y acérquese a los miembros de la congregación. ¿Describiría a las personas que participan en dichos servicios como "espíritus afines"? ¿Le dieron la bienvenida a los servicios, o lo trataron con una sospecha antipática u hostil? ¿Disfrutó los servicios, sintió que elevaban su espíritu?

Descubra el desarrollo de su espiritualidad asistiendo regularmente a seminarios y conferencias sobre espiritualidad que amplíen sus horizontes y le abran nuevas puertas. Trabe amistad con otras personas que estén tratando de desarrollar su iluminación.

En las librerías religiosas y especializadas en temas metafísicos se encuentra un abundante material de lectura y grabaciones; conocer su oferta le ayudará a decidir con cuáles filosofías se siente más a gusto.

Si decide investigar las opciones disponibles para usted en términos de una religión organizada, esté atento a ciertas señales que le indicarán inmediatamente que esa religión no es para usted y que sólo limitará y obstaculizará su crecimiento. Las señales de alerta son las siguientes:

- ¿Inspira la religión sentimientos de temor, culpa y vergüenza deliberadamente?

- ¿Le advierte la religión a su congregación que se cierre a ideas nuevas o diferentes ajenas a su doctrina religiosa?

- ¿Estimula la religión a su congregación para que mire con desconfianza a otras personas simplemente porque no pertenecen a su iglesia?

- ¿Asistir al servicio religioso lo hace sentir desdichado o deprimido, en lugar de animado, inspirado y estimulado?

- ¿Enseña la religión prejuicios, odio, o una filosofía sentenciosa frente a otras personas?

- ¿Los clérigos o los miembros de la congregación de la religión tratan de imponer a otros su filosofía o de convertir y "salvar" a personas que no sean partidarios de sus creencias?

CAPÍTULO OCHO

❧❧❧

Construir una Vida Hermosa

El Cerebro Paraliza

Cómo definiría su filosofía básica de toma de decisiones, resolución de conflictos e interacción con otras personas? Aunque sienta que de cierta manera las dos máximas describen su personalidad, ¿se identifica más con la frase, "Pienso, luego existo," o "Siento, luego existo"?

La respuesta a esa pregunta determina en buena medida su habilidad para canalizar con sus Ángeles, así como para tener acceso a su creatividad, espontaneidad, intuición, capacidad de tomar riesgos y confianza en la toma de decisiones.

¿Cómo puede identificar si usted es un cerebral o una persona emocional?

Si actúa básicamente desde su centro mental, que es la base de los impulsos lógicos, racionales, analíticos y de pensamiento, usted será, ante todo un cerebral.

Si actúa principalmente desde su centro emocional que es la base de los impulsos creativos, intuitivos, expresivos y sentimentales, usted, antes que nada, será una persona emocional.

Por ejemplo, veamos las diferencias entre la manera en la que los cerebrales y los emocionales reaccionan frente a la vida y a otras personas.

Toma de Riesgos

Situación: Acaban de ofrecerle el trabajo de sus sueños con un salario que triplica el que usted está ganando actualmente. La oferta implica que debe mudarse a otro estado con el que ha soñado durante muchos años.

Cerebral: "¡Oh, Dios mío! ¡Nunca pensé que esto pudiera suceder! ¡Vaya decisión! Bueno, pero no nos apresuremos. Sé que no estoy ganando lo que debería, pero mi trabajo actual es seguro. Podría quedarme en mi trabajo actual hasta el día que me retire. ¿Y si no me gusta la nueva compañía? ¿Y si yo no les gusto a ellos? ¿Y si decepciono a mi jefe con mi desempeño? ¡Podrían despedirme! También tengo que pensar en la mudanza. Estoy aburrido(a) e infeliz donde vivo, pero la renta es razonable y es probable que no aumente hasta el próximo año. Irme de este estado me parece un poco drástico. ¿Y si el costo de vida es mucho más alto allá? ¿Será por eso que me ofrecieron tanto dinero? ¿Y si me mudo allá y realmente no me gusta? ¿Y si me mudo y no hago amigos? Tendré que considerarlo más detenidamente. Lo consultaré con la almohada. Necesito tiempo para analizar y hacer un balance de cuál debería ser la decisión más lógica. La compañía tendrá que espera un poco más para conocer mi decisión…"

Emocional: "¡Oh, Dios mío! ¡Yo presentía que esto iba a pasar! Sabía que yo era la mejor persona para el trabajo. Será una ventaja para ellos tenerme como empleado(a). ¡Estoy seguro(a) de que me encantará mi nuevo trabajo! Y sí merezco más dinero. Estoy ansioso(a) por conocer a mis nuevos compañeros de trabajo y a mi nuevo jefe. Me encanta enfrentar nuevos desafíos en el trabajo. He estado muy aburrido(a) con mi actual empleo y en el lugar donde estoy viviendo. Siempre he soñado con mudarme y vivir en un nuevo ambiente. ¡Tendré la oportunidad de hacer nuevos amigos! ¡El universo realmente me está ayudando y me está dando las condiciones necesarias para hacer realidades mis mayores metas! Han pasado treinta minutos desde que hablé con el departamento de recursos humanos. ¡Los llamaré enseguida para aceptar y comenzar a planear la mudanza! Me pregunto cuándo podré empezar…"

Relaciones

Situación: Finalmente usted ha conocido a su alma gemela y ya han estado saliendo desde hace algún tiempo. Siente que la relación se está volviendo más seria y que pronto deberán hablar sobre el tema del matrimonio.

Cerebral: "¿Por qué tiene que ir tan deprisa nuestra relación? ¿Acaso estamos corriendo una competencia? Mi corazón me dice que avance, pero mi cabeza me dice que espere y reflexione. Hay muchas cosas por pensar. ¿Y si él realmente no es la mejor persona para mí? Hace varios años, pensaba que la relación con Jim era perfecta para mí, ¡pero al terminar todo fue un desastre! Mi madre/mejor amiga/colega de trabajo me dice que espere porque mi alma gemela no es lo que ellos tenían en mente para mí. Y no sé si yo pueda darle a mi pareja lo que necesita. Cuando las cosas se vuelven emocionales, me siento incómoda. ¿Y si me canso de él? ¿Y si él se cansa de mí? ¿Y si nos dejamos de amar? ¿Y si nuestra vida sexual disminuye? Hay tantos divorcios hoy en día, ¡de ninguna manera quiero ser una divorciada más! ¿Y si algún día nos divorciamos y él intenta quitarme mi dinero? Él me hace sentir más feliz de lo que jamás había sido, y es la mejor persona que he conocido pero, ¿cómo puedo estar tan segura de que estoy haciendo lo correcto? ¿Cómo me pueden garantizar que él es la mejor persona que existe para mí? ¿Y si hay alguien mejor? ¿Y si decidimos tener hijos? ¡Es tan costoso educarlos! ¿Qué hay de malo en el estado actual de nuestra relación? ¿Cuál es la prisa? ¿Por qué no podemos quedarnos como estamos por otros tres o seis meses?

Emocional: "¡Me encanta que la relación avance! Los dos somos adultos con experiencia y sabemos lo que queremos. Hemos compartido suficiente tiempo juntos para conocernos. ¡Y los dos nos damos cuenta que somos almas gemelas! ¡He esperado toda mi vida por este tipo de relación! ¡Esta relación hace que todas las anteriores que fueron horribles hayan valido la pena, porque ahora tengo la conciencia y la iluminación para distinguir entre un hombre que me ofrece una dura experiencia de aprendizaje y mi pareja ideal! Adoro la idea de casarme con él. ¡Siento que seremos muy felices y confío en que la relación durará por el resto de nuestras vidas! Todo es cuestión de darle prioridad a nuestros sentimientos. Nuestra relación actual marcha muy bien, nos apoyamos mutuamente, tenemos una excelente comunicación y nuestra vida sexual es inmejorable. ¡Seríamos magníficos padres! Criar hijos será todo un reto, pero siento que no sería completamente feliz sin ellos. Yo sé que él está enamorado de mí y nunca encontraré a alguien que me haga sentir tan enamorada como me siento en este momento. Lo sé porque me lo dicen mis sentimientos. ¡Nunca he estado más segura de algo en toda mi vida! Me pregunto qué pensará él de la idea de comprometernos y de casarnos el próximo mes…"

Habilidad para Canalizar

Situación: Usted ha estado practicando su habilidad para canalizar con sus Ángeles y ha desarrollado una comunicación tangible de doble vía con ellos.

Cerebral: "¿Cómo puedo estar seguro de que en realidad son mis Ángeles los que me están hablando? Probablemente este proceso no existe y sólo me estoy engañando. Quizá sólo sea mi imaginación. No es posible que me comunique con seres angelicales que tienen una forma espiritual, y a los que no puedo ver, oír ni tocar como a un ser humano. Si fuera tan fácil todo el mundo sería consciente de este proceso ¿No estaría todo el mundo canalizando? ¿Por qué debo trabajar en algo que no puedo conversar abiertamente con los demás? No puedo imaginarme la respuesta que recibiría de mi tía Marta/mis compañeros de póquer/colegas de trabajo si hablo de la canalización con ellos. Y ni siquiera estoy seguro(a) de lo que mis Ángeles intentan decirme. Creo que me están incitando a tomar decisiones y avanzar, pero no me gusta reaccionar tan deprisa. Constantemente siento que me están hablando, pero trato de ignorarlos porque no estoy de acuerdo con lo que me dicen. Sencillamente estoy muy ocupado(a) para escucharlos. Quizá no tengo Ángeles de la guarda.

Si los Ángeles estuvieran trabajando conmigo, ¿no sería mi vida más fácil y feliz de lo que en realidad es? Apuesto a que este ruido no son los Ángeles hablando conmigo. Probablemente sea la indigestión de toda la pizza fría que comí…"

Emocional: "¡Realmente estoy canalizando! ¡Estoy muy emocionado(a) de estar desarrollando una relación con mis Ángeles de la guarda, me hablan todo el tiempo! Voy a dedicar más tiempo para practicar la canalización y así mejorar mi habilidad para comunicarme con ellos. Me encantaría recibir información para mi mamá/amigo/conocido y transmitírsela para que su vida sea más fácil. No puedo creer toda la información ahora puedo recibir y que antes no podía. Cuando hablo con ellos acerca de un problema, un reto o una oportunidad, ¡ellos hacen que todo sea tan fácil de entender, que siempre sepa exactamente qué hacer! Ojalá hubiera desarrollado mi habilidad para canalizar hace muchos años. Ahora que sé lo que me espera más adelante puedo avanzar mucho más rápido. Gracias a la información intuitiva que me dan, ya nunca más me han desestabilizado emocionalmente. Veo las oportunidades con mucha más claridad, sé cuáles experiencias de aprendizaje puedo evitar y cómo superarlas más rápidamente. Disfruto compartiendo lo que he aprendido acerca de los Ángeles y de la canalización con otras personas, a pesar de que ellos nunca hayan estado expuestos a este proceso. Los Ángeles han producido un cambio muy positivo en mi vida…"

Toma de Decisiones

Situación: Su doctora de confianza acaba de informarle que usted debe someterse a una pequeña cirugía para extirparle un tumor benigno que está creciendo rápidamente debajo de su brazo.

Cerebral: "¡Yo sabía que necesitaba una cirugía! Quizá la Dra. Smith no está segura si el tumor es cancerígeno y no quiere preocuparme; tal vez fue por eso que me dijo que era benigno. O quizá no lo sabrá con seguridad hasta que lo extirpen. He sido su paciente por muchos años, pero me pregunto si realmente sabe lo que está haciendo. Siempre he tenido miedo de tener cáncer. ¿Y si algo sale mal durante la cirugía y ella comete un error fatal y me muero en la mesa de operaciones? Además, no puedo darme el lujo de faltar al trabajo si mi recuperación se demora más de lo esperado. ¿Y si mi aseguradora se niega a pagar las cuentas médicas? ¿Y si contraigo SIDA durante la cirugía? Me pregunto si puedo revisar los historiales médicos para saber si la Dra. Smith tiene alguna demanda por mala práctica. Puedo sentir que el tumor crece cada día y me siento muy incómoda con todo lo relacionado con la cirugía, pero tampoco me siento lista para seguir el consejo de la Dra. Smith y programar la cirugía inmediatamente. No puedo tomar ese tipo de decisión hasta que haga un balance y analice todo lo que podría fallar…"

Emocional: "¡Yo sabía que mi tumor no era cancerígeno! ¡Qué buenas noticias! ¡Mis Ángeles dijeron que era benigno, pero es un gran alivio confirmar mi información intuitiva con una segunda opinión de la Dra. Smith! Ella dice que la operación ambulatoria se demorará menos de una hora. ¡Me siento muy afortunada! Estoy muy contenta de tener una médica en la que confío. Puedo presentir que ella hará un magnífico trabajo en la cirugía y que estaré en muy buenas manos. Apuesto a que mi recuperación será más pronta de lo esperado, porque sano rápidamente. Y cuando esté en casa recuperándome, podré aprovechar el tiempo para ponerme al día con mi lectura y escribirle a mis amigos. Usaré el tiempo a mi favor para descansar y cuidarme muy bien. El tumor está creciendo cada día y me hace sentir tan incómoda que voy a seguir el consejo de la Dra. Smith y voy a programar la cirugía inmediatamente. Siento que es lo correcto. A pesar de que la cirugía sea pequeña, me sentiré feliz y aliviada una vez haya terminado…"

¿Observa las distintas maneras en las que los cerebrales y los emocionales reaccionan ante una misma situación?

Si actúa como un cerebral, se encontrará con dificultades en diversas áreas, que continuarán hasta que usted desarrolle y armonice sus sentimientos. Al principio esto no tendrá sentido para usted. Es más, hasta ahora le ha ido muy bien desempeñando sus tareas, cumpliendo con sus obligaciones y resolviendo sus problemas. ¿Por qué es necesario que cambie la manera en la que responde a los retos y las oportunidades que se le presentan?

Porque si permanece siendo un cerebral, se perderá mucho de lo que la vida tiene para ofrecerle.

Los cerebrales como la mujer del ejemplo anterior que debía someterse a una cirugía, usualmente tienen una tendencia crónica a la preocupación y gastan buena parte de su tiempo y energía obsesionados por problemas y sucesos que *nunca* ocurrirán. Como este tipo de personas se dejan consumir por patrones negativos de pensamiento y se detienen, de manera compulsiva, ante todas las terribles posibilidades de cada situación o reto que encuentran, pueden distraer la atención de las personas que los rodean y hacen que cada paso hacia delante sea interminablemente doloroso y amenazador.

Además, a los cerebrales se sienten eternamente

atormentados por patrones de pensamientos pesimistas a los que me refiero como "grabaciones negativas." Los problemas inesperados, las dificultades u oportunidades ponen a resonar estos pensamientos negativos, creando así un miedo enorme y una confusión interior que les impiden tomar decisiones y riesgos.

Como comentamos en el Capítulo Siete, muchos de nosotros tenemos nuestra propia serie de grabaciones negativas que originalmente fueron creadas por nuestros padres u otros miembros de la familia, amigos, nuestra profesora de primer grado, ciertas parejas, socios de negocios o cualquier otra persona que haya hecho alguna crítica o dicho cosas negativas acerca de nosotros.

Es increíble cómo estos pensamientos siguen resonando persistentemente hasta que logramos borrarlos por medio de la sanación. He descubierto que borrar las grabaciones negativas normalmente requiere la ayuda de un buen terapeuta que pueda dirigir objetivamente la sanación para asegurarse de que usted las haya borrado todas tan pronto como sea posible. Si no las borra, seguirán resonando eternamente y serán como un filtro oscuro en todas sus relaciones profesionales o personales.

Cuando enfrenta un reto, el cerebral inmediatamente oye las grabaciones negativas, que le repiten: "No soy lo suficientemente bueno"; "Nunca encajaré"; "Yo no les gustaré"; "No soy lo suficientemente inteligente"; y "Nunca llegaré a ser alguien importante."

Los cerebrales no pueden evitar sentirse afectados por sus pensamientos negativos porque los escuchan con frecuencia. Se acostumbran tanto a oír la negatividad, que llegan a creen en las críticas como si fueran el evangelio.

La próxima vez que sus grabaciones negativas empiecen a resonar, note lo incapaz e inseguro que comienza a sentirse. Estos pensamientos también crean un nivel increíble de ruido mental que inhabilita el acceso y le impide escuchar sus sentimientos más sutiles.

Por otra parte, el pensador de la situación anterior, que luchaba con su decisión sobre la relación con su alma gemela, experimentaba el dilema común que se presenta cuando surge una lucha por el poder entre lo que nuestra cabeza nos dice que debemos hacer y lo que nuestro corazón nos trata de decir.

Frecuentemente, frente a estas situaciones, los cerebrales deciden no hacer nada inmediatamente, sino sentarse y esperar a que "el tiempo se encargue de todo" o tienen la esperanza que "de alguna manera todo se arregle."

Cuando usted decide no tomar una decisión y, por ende, no hacer nada, mantiene la situación inalterada. Recuerde que, aunque no actúe, usted ha tomado una decisión, y esa decisión consiste en no avanzar.

Aprenda a Apagar el Parloteo Mental

Mientras usted se esfuerza por borrar sus cintas negativas y reemplazarlas con mensajes positivos, puedo enseñarle una técnica sencilla para ayudarle a apagar los pensamientos negativos y terminar con el parloteo mental. Si sigue esta técnica, inmediatamente tendrá la oportunidad de acceder y escuchar realmente a sus sentimientos.

Cuando escuche que las ideas negativas empiezan a resonar, simplemente diga en voz alta, "¡Cállense!" y espere un poco, para ver si tuvo éxito. Si su cerebro sigue haciendo sonar las grabaciones, simplemente repita "¡Cállense!" Normalmente yo tengo que ordenarle a mi cerebro que se calle por lo menos dos veces antes de que responda. Sé que suena ridículo hablar con su cerebro, ¡pero funciona!

¿Cómo sabrá si su cerebro apagó las grabaciones negativas? Por la paz interior que sentirá. El silencio mental será ensordecedor. Siéntese, disfrute la nueva sensación de silencio interior y, por un momento, escuche lo que sus sentimientos quieren decirle.

Uno de los problemas más difíciles e importantes que usted enfrentará si actúa como un cerebral es saber si desea una relación seria con un emocional. Puede llegar a sentirse confundido y disgustado por los constantes reclamos que le hace su pareja, y ésta a su vez se puede sentir infinitamente frustrada por lo que percibe como un estancamiento en la expresión emocional y afectiva de su parte.

Si usted es un cerebral, quizá ahora pueda ver por qué debe cambiar un poco para mejorar su calidad de vida. ¿Por qué no comienza ya a operar desde su base emocional? ¡No tiene nada que perder y todo por ganar!

Apagará sus grabaciones negativas, y aprenderá una manera completamente diferente de verse a sí mismo y al mundo sin la oleada constante de viejas críticas.

Finalmente sus Ángeles tendrán la oportunidad de comunicarse con usted y transmitirle información intuitiva extremamente importante, porque ya no serán ahogados por el rugido del ruido mental.

En vez de la tendencia a hacer que todo sea más difícil de lo que es, usted tendrá la oportunidad de desarrollar y hacer más productiva su toma de decisiones. Esto le permitirá actuar con más control en todas las áreas de su vida, en lugar de sentirse asustado o confundido y situarse en la incómoda posición de estar reaccionando siempre a otras personas, problemas o retos.

Las relaciones personales que establezca serán mucho más cercanas, cálidas y satisfactorias que nunca, pues usted interactuará emocionalmente con los demás. Si sólo comparte su energía mental y su cuerpo físico con su pareja, usted no se está entregando a ella por completo. Si realmente desea una relación de corazón, mente, cuerpo y alma, tendrá que abrirse emocionalmente con ella y confiarle su vulnerabilidad. Es la única manera en la que de veras se unirá emocionalmente con otro ser humano.

¿Cómo puede pasar de la base mental a la base emocional con éxito?

Primero que todo, debe aprender a acallar el ruido mental causado por sus ideas negativas, al repetir la frase "¡Cállense!" hasta que su cerebro responda.

Una vez haya acallado el parloteo mental, debe comenzar a escuchar sus sentimientos. Tenga en cuenta que al principio puede sentir cierta confusión mientras aprende a diferenciar entre lo que su cerebro le dice y lo que le aconseja su corazón. Por lo general, la información que le envía su cabeza será negativa y deprimente, mientras que la que recibe de su corazón será positiva y esperanzadora.

Algunas señales evidentes de que está actuando como una persona "mental" es cuando dice, "yo pienso," "yo sé," o "yo creo." Vuelva a concentrarse y mire en su interior para saber qué está sintiendo. Traté de incorporar a su vocabulario frases como "yo percibo" o "yo siento."

Imagínese que se está deshaciendo de un mal hábito, como comerse las uñas. Cada vez que se comunique, esté alerta a su tendencia de actuar como una persona "mental." Recupere la concentración, mire hacia su interior y pregúntese qué es lo que está *sintiendo*. Su determinación y compromiso para concentrarse solamente en lo que está *sintiendo* es todo lo que necesita para que el cambio se produzca dentro de usted.

De algún modo, al comunicarse emocionalmente, usted estará atravesando un proceso similar al de aprender un nuevo idioma.

Al principio, tendrá que recordar que debe hablar su nuevo idioma, el *sentir,* en vez de su viejo idioma, el *pensar.* Después de que practique la habilidad para tomar decisiones emocionales y hablar desde el corazón, sentir se convertirá en algo completamente natural. Aunque no lo crea en este momento, cuando experimente la diferencia que el sentir efectuará en su calidad de vida, estará totalmente convencido de ello.

Si tiene familiares, amigos o una pareja "emocional," sería una muy buena idea que los invite a participar en su metamorfosis. Probablemente ellos estarán encantados de ayudarle en su progreso y le darán apoyo y motivación. También pueden hacerlo consciente de aquellas ocasiones en las que usted recae a su vieja forma "mental" de comunicación o de toma de decisiones, al decirle, "¡Lo estas haciendo otra vez!" tal como harían si usted se estuviera comiendo las uñas.

Una vez que sus Ángeles no tengan que competir con todo el parloteo mental, usted obtendrá más información intuitiva de la que haya imaginado. Si además de la ayuda que reciba de familiares y amigos, cuenta con los consejos y la guía de sus Ángeles, usted avanzará y podrá volverse "emocional" más rápido y sentirá más confianza y seguridad.

Si realmente desea evolucionar y cambiar viejos hábitos, necesitará tiempo, un poco de valor y tenacidad, pero todas estas condiciones están a su alcance. Usted progresará con éxito y se volverá un "emocional," capaz de tomar decisiones seguro de sí mismo, se sentirá cómodo con los riesgos, disfrutará la espontaneidad, querrá canalizar y pensará con entusiasmo en la posibilidad de formar una relación romántica basada en las emociones.

Las Cuatro Baterías de su Cuerpo

¿Alguna vez ha sentido que sus "baterías" internas están bajas y que pronto se "fundirá" mental, física o emocionalmente?

¿Se ha sentido alguna vez al borde del agotamiento y ha entendido que debe encontrar una manera de dejar lo que estaba haciendo para poder recargar sus energías?

Si es así, lo felicito por su conciencia intuitiva. El cuerpo humano tiene cuatro baterías internas que determinan los niveles de resistencia física, fortaleza mental, energía emocional y conciencia espiritual. Todas actúan independientemente y son responsables de hacer que nuestro cuerpo se mantenga con vida y funcione productivamente.

Cada batería tiene una provisión limitada de "líquido" que debemos reponer cuando los niveles disminuyen y comenzamos a sentirnos fatigados. Al participar en las actividades normales de todos los días, agotamos nuestros niveles de energía, o líquido, pero nuestras baterías tienen una capacidad infinita para almacenar niveles cada vez más altos de energía, a medida que desarrollamos la habilidad para producirla y renovarla.

La Batería Física

La batería física es responsable del nivel de energía en nuestro cuerpo físico. Todos estamos acostumbrados a esa sensación común de sentimos agotados físicamente. La fatiga es una indicación de que el líquido en esa batería se encuentra en un nivel bajo. Para reabastecer los niveles de energía física, usted puede comer, dormir, descansar, disfrutar de un baño caliente o, inclusive, hacer ejercicio.

La Batería Mental

La batería mental es la encargada de mantener los niveles de atención y conciencia intelectual. Cuando se siente mentalmente fatigado, su cerebro no puede concentrarse, percibir o recibir información.

Una clara señal de que su líquido mental está agotado aparece, por ejemplo, cuando lee repetidas veces el mismo pasaje de un libro o una revista sin retener o entender lo que dice. Para reaprovisionar los niveles de energía mental, la única opción que tiene es dejar de hacer lo que está haciendo mientras se recarga.

Cuando llega al agotamiento mental, es muy común que sienta dolor de cabeza, pues el líquido es drenado y cualquier tiempo adicional que usted dedique para terminar una tarea mental, lo desperdiciará por la frustración.

Los niveles de líquido en su batería mental subirán tan pronto como se distancie del trabajo intelectual que estaba desarrollando y se dedique a una actividad física, espiritual o emocional.

La Batería Espiritual

La batería espiritual es responsable de nuestra habilidad para canalizar con nuestros Ángeles y con otros seres en el plano espiritual. Cuando recién empieza a canalizar, probablemente se sentirá cansado(a) o inclusive exhausto(a) después de veinte o treinta minutos de comunicación, y no tendrá energía suficientes para continuar.

Descubrirá que a medida que practica regularmente su canalización, aumentan los niveles de líquido que tiene disponibles, pues al hacerlo expande la capacidad de su batería espiritual para guardar energía.

Las primeras veces que ejercí mi habilidad como canalizadora, ¡terminaba tan exhausta que tuve que acostarme! Con la práctica y experiencia, he desarrollado niveles de líquido que me hacen posible canalizar todo el día. Para renovar los niveles de energía, simplemente debe parar la canalización por varias horas para que el líquido recupere sus niveles previos.

La Batería Emocional

La batería emocional es responsable del balance, bienestar, confianza y optimismo emocional.

Algunas señales claras de que su batería emocional se está agotando se presentan cuando, sin razón aparente, usted se siente deprimido, irritable, negativo o enfadado. También puede experimentar patrones de sueño sin descanso y problemas con la digestión o eliminación.

A diferencia de las baterías físicas, mentales y espirituales, la batería emocional es el único centro energético en el cuerpo que no necesita ser recargado manualmente con líquido. En otras palabras, la solución no consiste simplemente en parar y esperar para que los niveles de energía se reestablezcan. Para reaprovisionar la batería emocional, debe planear actividades que quiera hacer. Estas actividades pueden ser simples, lo importante es que las disfrute desde el momento en que empieza a planearlas.

Por ejemplo, yo recargo mi batería emocional yendo

a comer a un restaurante italiano, bailando con canciones de Billie Holiday, leyendo una revista nueva, viendo mis películas favoritas, yendo al salón de belleza para que me hagan un masaje o una limpieza facial, canalizando para mis familiares, haciendo ejercicio, yendo al cine y al teatro o saliendo de compras.

¿Cuántas veces se ha dicho a sí misma: "¡Estoy tan deprimida! ¡No tengo absolutamente nada más que hacer, sólo trabajar, trabajar y trabajar!" ¡Claro que está deprimida! ¿Quién no lo estaría?

Debe crear su propia lista de actividades que le ayuden a recargarse de energía. No puede depender de otras personas, ni siquiera de su pareja, para que hagan planes maravillosos por usted. He descubierto que eso sencillamente no ocurre. *Usted* debe asumir la responsabilidad de hacer sus propios planes para lograr reponer su energía emocional.

¿Cree que estoy completamente loca al aconsejarle que incluya estas actividades frívolas en su horario ajetreado y en su agenda llena de compromisos?

Entiendo lo que puede estar sintiendo. Cuando mis Ángeles me dijeron por primera vez cómo recargar mi batería emocional, yo pensé que se habían vuelto locos. No podía creer que estuvieran pidiéndome que dedicara tiempo para jugar. Como la de otros adultos, mi vida estaba tan llena de estrés, de asuntos por resolver y de responsabilidades, que había comenzado a creer que jugar y divertirse era sólo para niños.

Pronto entendí que cuando comenzaba a sentirme deprimida y emocionalmente agotada sin razón aparente, ya no tenía que sentirme culpable. Aprendí que tenía derecho a sentirme así. Compartía tanta energía emocional con otras personas que mis niveles de líquido bajaban naturalmente, y me sentía emocionalmente agotada. Al final de cada semana de trabajo, me sentía tan deprimida por el agotamiento que quería lanzarme desde el piso más alto de un edificio.

Descubrí que sólo con tomarme un poco de tiempo para recargar mi energía con una actividad que realmente disfrutaba, mi actitud cambiaba, me sentía optimista y positiva de nuevo, y era capaz de retomar mis actividades y tareas, sintiéndome renovada y con un nivel más alto de energía emocional.

La Canalización y el Cuerpo Físico

Su habilidad para establecer la canalización no estará determinada sólo por el nivel de líquido en su batería espiritual, sino también por la manera en que usted garantice la vitalidad de su cuerpo físico. En mi opinión, darle combustible a su cuerpo con comida chatarra, cafeína, azúcar refinada, alcohol, carne de cerdo o grandes cantidades de carne roja, de sodio o productos lácteos, realmente puede estropear sus esfuerzos por canalizar exitosamente, no importa cuánto o cuán intensamente lo intente.

Cuando era niña, mi mamá se refería cariñosamente a mí como la "Reina de las Golosinas." Desafortunadamente, durante mucho tiempo mantuve hábitos alimenticios malsanos, tanto así que cuando empecé a canalizar, ¡el azúcar refinado, las bebidas gaseosas, el chocolate y los productos lácteos representaban para mí los mayores grupos alimenticios! No lograba entender por qué mis niveles de energía física siempre caían en picada por las mañanas y por las tardes hasta que me "recargaba" con una gaseosa dietética, una chocolatina y algo salado como un pretzel. ¡Qué grave error! Estaba agotando innecesariamente mi preciosa energía física consumiendo comida chatarra, y esto hacía que mi cuerpo tuviera que trabajar el doble para poder digerir lo que comía.

Con frecuencia, después de haber trabajado varias horas en sesiones de canalización para mis clientes, me sentía tan agotada que tenía que cancelar el resto de mis citas. Me aterrada al ver cómo mi energía para canalizar desaparecía rápidamente todos los días. Finalmente, les pregunté a mis Ángeles sobre el problema y me dijeron que no sólo estaba agotando mi energía para canalizar, sino que también estaba arruinando mi salud.

Para proteger mi salud y ser un canal lo más "puro" posible, renuncié a todas las formas de azúcar refinada (¡incluso el chocolate!), la carne roja y el cerdo, la cafeína, la sal, la mayoría de los productos lácteos y bebidas gaseosas, así como a cualquier tipo de comidas fritas o empacadas. También comencé a tomar las vitaminas y los minerales que mis Ángeles me recomendaron.

No fue fácil, créame, pero descubrí que una vez que dejé de comer azúcar, chocolate y cafeína durante varias semanas, todos mis terribles antojos por comer comida chatarra desparecieron.

Por primera vez en mi vida, mis niveles de energía subieron al techo, mi resistencia a la enfermedad mejoró drásticamente, empecé a sentirme feliz y llena de energía durante todo el día, y mi cuerpo físico respondió proporcionándome un nuevo vigor para mis actividades diarias. También bajé diez libras que no había podido perder hasta que renové mis hábitos alimenticios.

¿Está preguntándose qué es lo que como? Mi nueva dieta consiste en frutas, vegetales, cereales naturales, pasta, ensaladas, pollo, pescado, jugos de vegetales y de frutas, una bebida de soya que uso con los cereales, café descafeinado y mucha agua. De vez en cuando, disfruto de una copa de vino. ¿Y qué como de dulce? Helados sin azúcar y yogurt sin azúcar y sin grasa. Cuando realmente necesito mi "dosis" de comida chatarra me doy gusto con mi favorita—las palomitas de maíz. Sé que están llenas de grasa y sodio, pero es la única comida chatarra a la que no pienso renunciar.

Probando y probando, y con enorme persistencia de mis Ángeles, continué cambiando mis hábitos alimenticios hasta que encontré el mejor régimen para mí.

¿Qué es lo mejor para usted? Pregúnteles a sus Ángeles y consulte con su médico para ver qué le recomienda con respecto a sus hábitos alimenticios y si necesita suplementos vitamínicos o minerales. ¡No haga ningún cambio dramático en su dieta o régimen de ejercicios hasta que consulte a su doctor! Mientras trabaja en el proceso de renovar sus hábitos alimenticios, asegúrese de poner mucha atención a la manera en que su cuerpo físico responde a su nuevo combustible.

También descubrirá que su habilidad para la canalización aumentará al practicar algún ejercicio físico suave y constante, como caminar, nadar, alzar pesas, hacer aeróbicos o cualquier otra actividad deportiva que usted disfrute. Dormir bien por las noches también es un requisito indispensable para tener acceso a la información intuitiva de sus Ángeles de una manera clara y precisa. Si sus Ángeles comienzan a interrumpir sus sueños regularmente, haga una "cita" con ellos para un momento más conveniente que le permita descansar.

Las terapias de la Nueva Era ofrecen muchos tratamientos nuevos de salud que se están volviendo cada vez más populares.

Uno que recomiendo especialmente es la limpieza de la energía espiritual de su cuerpo.

¿Sabía que la sal marina se usa para limpiar cristales? Usted también puede usarla para revitalizarse si se siente muy agotado o fatigado; este proceso puede impulsar sus niveles de energía, o líquido, tanto de su batería espiritual como emocional.

Es posible que encuentre la sal marina en algunos supermercados, pero con seguridad podrá comprarla en tiendas naturistas y almacenes de productos vegetarianos. Tenga en cuenta que no puede sustituir este tipo de sal por la de mesa o de piedra para realizar este tipo de limpieza.

Llene su tina de agua caliente y agregue tres vasos llenos de sal marina. No agregue ni jabón ni ninguna otra cosa al agua. ¡Este baño es únicamente para la relajación y limpieza de su energía! Sumérjase en la tina durante por lo menos veinte minutos. Después, puede quitarse la sal marina en la ducha, pero personalmente me gusta la sensación de la sal marina sobre mi piel toda la noche.

La aromaterapia es otro beneficioso tratamiento de salud de la Nueva Era que incorpora las propiedades terapéuticas de las plantas, las esencias florales y los aceites esenciales para vigorizar, rejuvenecer, aliviar, calmar y relajar el espíritu. Se sorprenderá al conocer la cantidad de aceites y esencias que se encuentran disponibles actualmente, cada uno con propiedades distintas que querrá experimentar. Sumergirse en la tina con agua caliente y un delicioso aceite puede tener un impacto fenomenal en sus niveles de energía física, mental y emocional. Los productos de aromaterapia pueden encontrarse en casi cualquier almacén de artículos para la salud o en las tiendas especializadas en productos esotéricos.

El Mejor Momento Para la Canalización

¿Cómo incorporar la canalización en un horario ajetreado? Tenga en mente que para practicar la canalización sólo necesitará de diez a quince minutos. Pero
tendrá que encontrar el tiempo, como lo haría para hacer
ejercicio, salir a una cita, jugar con sus hijos o realizar
otras actividades que considera importantes. Recuerde
que siempre podemos encontrar tiempo para atender
nuestras prioridades.

¿En qué momento del día tendrá más energía para
comunicarse con sus Ángeles? Debe experimentar
para encontrar el horario que mejor le funcione a
usted. Puede que este momento no coincida con su
reloj interno.

Yo, por ejemplo, soy una persona nocturna. Me siento
aturdida y disgustada cuando tengo que levantarme de
la cama antes de las seis y media de la mañana. Tengo
mejores niveles de atención en la tarde, y normalmente
tengo otro aumento de energía alrededor de las nueve
de la noche; aunque debido a mi horario de trabajo muchas veces no tengo la oportunidad de hacerlo, me encanta quedarme despierta hasta altas horas de la noche.

Sin embargo, ¡mi energía de canalización es más
fuerte desde las nueve de la mañana hasta las seis de la
tarde! No podría canalizar tarde en la noche, aun en un
caso de emergencia, porque mi batería de canalización
comienza a perder fuerza por la tarde.

Trate de dedicar quince minutos para practicar su canalización temprano en la mañana para determinar
cuánta energía tiene en ese momento para sostener la
comunicación. Entonces, alterne los días, intente practicar a la hora del almuerzo y por la tarde y, finalmente,
trate de canalizar en la noche. Puedo asegurarle que

ciertos momentos del día serán mucho mejores para usted en términos de sus niveles de energía.

El Lugar Ideal Para la Canalización

Definitivamente, al principio, el mejor ambiente para canalizar es un lugar silencioso donde usted no sea distraído por su cónyuge o sus hijos, la televisión, la radio o el teléfono. ¡He descubierto que la tina con agua caliente es un lugar muy productivo para la canalización!

Le sugiero que no intente realizar la canalización mientras esté conduciendo. Cuando empecé a canalizar con mis Ángeles, decidí comenzar una conversación con ellos mientras esperaba en un semáforo en rojo. El semáforo cambió a verde y seguí a la intersección. De repente, ¡uno de mis Ángeles apareció, podía sentirlo, tangible, sentado a mi lado y casi estrello el auto contra un árbol!

Los restaurantes ruidosos y otros lugares públicos tienen demasiadas distracciones para practicar la canalización, aún si un amigo o un familiar le ruega, "¡Pero por favor, sólo tengo una pregunta!"

Yo nunca canalizaría para alguien en algún lugar público a no ser que el ambiente sea muy silencioso, pues necesito asegurarme de que estoy recibiendo correctamente la información con la integridad con la que me la transmiten los Ángeles.

CAPÍTULO NUEVE

❧

¡Usted ya ha Comenzado!

Técnicas de Canalización

Ahora que ya se está comunicando con sus Ángeles, es muy importante que practique sus habilidades de canalización. Si practica la canalización regularmente, pronto descubrirá que su información intuitiva se vuelve cada vez más precisa. La precisión de la información que recibe es la base fundamental de toda su comunicación con los Ángeles.

También se sorprenderá al ver la cantidad de información específica que comienza a recibir, lo que es tan importante para la calidad y la integridad de sus lecturas como lo es la precisión.

Si está canalizando para usted o para otra persona, cuando se tome el tiempo y use su energía para hablar con sus Ángeles es importante que esté seguro de que tiene la habilidad para recibir la información correcta y específica cada vez que se comunica. La práctica le permitirá lograr un flujo permanente y significativo de información intuitiva. A medida que ejerza la canalización, sus habilidades interpretativas mejorarán notoriamente y podrá tener acceso a información de gran trascendencia con facilidad, a través de sus Ángeles.

Cuando recién empiece a canalizar, se dará cuenta de que su nivel de confianza es un poco débil. Es de esperarse. No permita que esta desconfianza haga su tarea más lenta o, peor, que la obstaculicen por completo.

Recuerde, sus Ángeles le hablan regularmente, esté o no consciente de ello, y son comunicadores muy ansiosos y entusiastas. Ese es todo el propósito que tienen al trabajar con usted. Depende de usted volver a tener la habilidad de comunicarse fluidamente con ellos. Cuanto más practique la canalización, mejores serán sus habilidades y su confianza. ¡Se lo garantizo!

Tenga en mente que su habilidad para canalizar será como la de montar en bicicleta. Cuando usted era niño(a), aprendió a comunicarse con sus Ángeles, por eso usted ya posee todas las habilidades necesarias para reestablecer su comunicación con ellos. Simplemente está desarrollando una habilidad que adquirió a temprana edad.

Las siguientes recomendaciones son técnicas de práctica fáciles y divertidas que han surgido a partir de la serie de seminarios que dicto sobre los Ángeles. Estos ejercicios han tenido grandes resultados en un gran número de personas, que aprendieron a recuperar y desarrollar su habilidad única para comunicarse con sus Ángeles. ¡Con un poco de práctica, usted también lo hará!

Predicción de Eventos Deportivos

Los eventos deportivos son un medio perfecto para practicar sus habilidades de canalización. Podrá comprobar su precisión tan pronto como termine cada juego. A lo largo del año, tendrá la oportunidad de predecir los resultados de juegos atléticos profesionales, entre ellos, el fútbol americano, béisbol, baloncesto, fútbol, hockey e inclusive torneos de golf.

Desarrolle su destreza de canalización prediciendo cuál equipo ganará un evento en particular. Le recomiendo que escriba el nombre de los dos equipos que están jugando, la fecha en la que jugarán y el lugar donde jugarán. Concéntrese en silencio por un momento y a través de los Ángeles recibirá la información acerca del equipo que ganará. Si lo desea, también podrá recibir información ilimitada y más a fondo acerca de los puntajes, jugadores individuales, sus lesiones, cómo jugarán en cada juego y, finalmente, acerca del cuerpo técnico.

Cuando comience a canalizar, no se sienta frustrado al tratar de predecir el resultado del Superbowl o la Serie Mundial al inicio de la temporada. Espere hasta que tenga más práctica y mayor experiencia para canalizar acerca de una lista grande de equipos. Puede terminar muy confundido(a) o frustrado(a), y lo que pretendo es que usted disfrute el ejercicio; hablo de disfrutar el ejercicio, por lo tanto no importa si le gustan o no los deportes.

Durante muchos años, he hecho predicciones precisas acerca de juegos deportivos por la televisión, el radio y artículos de prensa sin tener la más mínima idea de cómo se juegan los partidos o quién está jugando; y créame, no me interesa saberlo. No importa si vive orgulloso(a) de su amplio conocimiento de los equipos, los jugadores individuales o los deportes en sí, o si, al igual que yo, no sabe nada acerca de ello, su conocimiento o desconocimiento no ayudará ni perjudicará en nada su habilidad para hacer predicciones precisas.

Una mañana asistí a un programa radial matutino en el que me pidieron que hiciera una predicción acerca del siguiente partido entre los Houston Oilers y los Pittsburgh Steelers. Yo era una invitada frecuente al programa precisamente para hacer predicciones acerca de futuros partidos, y todos en la estación radial estaban enterados de que yo no entendía absolutamente nada sobre deportes, pero sabían tenía la habilidad de canalizar y predecir el resultado de los partidos con éxito.

Esa misma mañana, el productor del programa había invitado a un presentador deportivo muy conocido en la radio y la televisión de Houston, para que apareciera conmigo e hiciera su propia predicción acerca del juego. Yo canalicé en la estación, y mis Ángeles me dijeron que los Pittsburgh Steelers ganarían el partido. Lo anuncié por la radio, y la noticia no fue del agrado de la audiencia de Houston. El presentador deportivo, quien sabía todo lo que se puede saber acerca del fútbol, no sólo predijo que los Houston Oilers ganarían el juego, sino que dijo que propiciarían una derrota rotunda e inesperada a Pittsburgh, y que los Steelers regresarían a casa como perdedores. Todos los expertos deportivos que fueron entrevistados esa mañana durante el programa estuvieron de acuerdo en que Houston vencería, y yo me sentí un poco ansiosa al haber dado mi predicción, nada popular, a cientos de miles de personas, pero mis Ángeles se mantuvieron firmes en su mensaje. Los Steelers iban a ganar.

Después de anunciar mi predicción por la radio, fui criticada y me convertí en objeto de burla debido a mi predicción, que resultaba desfavorable para los Oilers.

Como no era fanática del deporte, no entendía por qué se había generado tanto alboroto, pero me reí de las burlas y estuve a la altura de la situación, me mantuve fiel a lo que mis Ángeles me habían dicho a pesar de que todos los expertos estuvieran convencidos de que yo estaba completamente loca. ¿Sentí miedo ante la posibilidad de haberme equivocado? ¡Claro que sí!

A pesar de que tenía la confianza de haber canalizado correctamente, y aunque mis Ángeles seguían seguros acerca del resultado del partido, me daban ganas de retorcerme al pensar que si me había equivocado pasaría una gran vergüenza frente a toda la audiencia de la estación. Además, el presentador deportivo, quien también era presentador de su propio programa, me aseguraba que nunca me permitiría olvidar semejante equivocación y que se burlaría de mi habilidad psíquica toda su vida. En el fondo, estaba más preocupada por la audiencia radial, pues podría perder la fe en el proceso de canalización.

Resultó ser una maravillosa experiencia de aprendizaje para todos los involucrados. Aquellos fanáticos del deporte, que se interesan por este tipo de cosas, recordarán que el resultado final del partido del 6 de septiembre de 1992 fue Pittsburgh Steelers 29, Houston Oilers 24.

Predecir el Sexo de un Bebé

Éste siempre ha sido uno de mis casos favoritos para poner en práctica mis habilidades de canalización. Las mujeres embarazadas le ofrecen una magnífica oportunidad para fortalecer sus capacidades intuitivas pero, a diferencia de las predicciones deportivas, ¡tendrá que esperar algún tiempo para confirmar su precisión!

Simplemente escriba el nombre de la madre y del

padre, y la fecha en la que se espera que nazca el bebé. Muchas veces, la fecha de nacimiento del bebé que me transmiten los Ángeles es diferente a la fecha que determina el doctor, así que anoto mi información sobre el día y el sexo del bebé para constatarla más adelante.

Si no conoce a ninguna mujer embarazada, recurra a la televisión o a revistas como una buena fuente de información sobre casos de embarazos. Si la madre embarazada es una celebridad, puede estar tranquilo(a), porque el nacimiento será anunciado públicamente y usted podrá confirmar la información que le han dado sus Ángeles.

Además de la información acerca del sexo y la fecha de nacimiento del bebé, usted podrá tener acceso a otros datos, como el peso, la altura y el color de piel del bebé, así como cualquier dificultad que puedan experimentar la madre o el bebé durante el parto; igualmente podrá saber si el embarazo es múltiple o no y predecir la salud del bebé y de la madre.

Hace varios años, el esposo de una amiga vino a mi consultorio para realizar una sesión privada. Él y su esposa tenían un matrimonio maravilloso y cuatro lindas hijas. Durante su sesión, uno de sus Ángeles le informó acerca de un próximo embarazo. Él estaba muy sorprendido y dijo algo así como "¡Oh, no! ¡Definitivamente mi esposa y yo *no* estamos tratando de tener otro bebé! ¡Ya tenemos cuatro hijas! ¡Debe estar recibiendo señales cruzadas!"

Sus Ángeles siguieron describiendo al niño que llegaría a su familia, la fecha de concepción y el día de nacimiento del bebé. Él salió de mi oficina convencido de que sus Ángeles estaban equivocados o de que yo había malinterpretado su información intuitiva. Poco tiempo después, su esposa me llamó a contarme acerca de su inesperado embarazo y que, por medio de exámenes prenatales, ¡habían descubierto que era un niño!

Esta historia ilustra que, además de recibir datos acerca de un embarazo actual, ¡usted podrá obtener información intuitiva acerca de una concepción y un embarazo inminente mucho antes que la futura madre o el futuro padre!

Predecir Acontecimientos Actuales

Los acontecimientos actuales constituyen una gran fuente de oportunidades para que usted practique sus habilidades de canalización.

Usted puede predecir elecciones políticas escribiendo los nombres de los candidatos, la fecha y el lugar donde se llevará a cabo la votación.

Asimismo puede predecir el resultado de una invasión militar anotando los nombres de las facciones en conflicto y el lugar de la confrontación.

Igualmente puede predecir el futuro clima económico de cualquier país del mundo, el aumento y la caída de la bolsa de valores a nivel nacional o internacional, la estabilidad de las tasas de interés y el futuro financiero de industrias que afecten su seguridad y situación económica. Para practicar la recepción de información sobre cualquier tema financiero, debe escribir la pregunta económica junto con la fecha del día y simplemente solicitar la información a sus Ángeles. Aún si la información canalizada le parece absurda o inesperada en ese momento, asegúrese de tomar apuntes detallados que pueda confirmar cuando las dinámicas predichas en sus lecturas comiencen a ocurrir.

Usted puede predecir patrones climáticos de tormentas tropicales y huracanes, por ejemplo; también puede hacer predicciones sobre las probabilidades de que se presenten terremotos, tornados y otros desastres naturales. Aunque quizás se sienta reacio(a) a buscar información negativa, es reconfortante descubrir que no habrá tormentas en su área. Si se espera una tormenta grave, podrá saberlo con antelación y tendrá tiempo suficiente para tomar las medidas de precaución necesarias.

Otro elemento muy positivo acerca de la canalización de patrones climáticos es que fácilmente podrá confirmar su predicción, ya que con seguridad ésta aparecerá en la televisión y los periódicos. Se sorprenderá ante la gran cantidad de información que puede recibir y la manera en que puede fortalecer su confianza al tener acceso a información sobre la madre naturaleza gracias a sus Ángeles.

Para preguntar sobre acontecimientos climáticos futuros, escriba una pregunta específica; incluya el lugar sobre el que está preguntando y la fecha de ese día, y usted recibirá la información que desea.

Practicar con Fotografías

Este ejercicio siempre es uno de mis favoritos en los seminarios de canalización. Sin excepción, el público siempre se sorprende ante la cantidad y la precisión de la información que puede recibir al mirar una fotografía de una persona desconocida. Es importante que la persona que aparezca en la fotografía esté mirando directamente a la cámara, de tal manera que permita que el lector puede tener acceso a la "energía" de la persona. Las fotografías pueden ser de individuos vivos o muertos; incluso puede obtenerse este tipo de información intuitiva en los casos en los que la fotografía sea de un animal.

Este ejercicio es muy divertido y realmente ayuda a solidificar su confianza. Le recomiendo que invite a varios de sus amigos a su casa para una tarde de canalización. Dígales que lleven fotografías de familiares o seres amados para que el resto del grupo las use y así pueda fortalecer sus habilidades de canalización. Cada participante debe escoger la(s) fotografía(s) que más deseen "leer" y, uno a uno, cada miembro debe describir a la persona de la fotografía con el mayor número de detalles psíquicos que le sea posible.

En este ejercicio verbal no es necesario escribir nada para recibir información de sus Ángeles. La fotografía de la persona proporciona el mismo tipo de información intuitiva que la de la escritura de su nombre.

Practicar con la Psicometría

La psicometría es la habilidad para canalizar sosteniendo un objeto, normalmente algo que pertenece a otra persona sobre quien usted desea obtener información intuitiva.

Este es otro ejercicio excelente para realizar en grupo. Pídale a los participantes que lleven objetos materiales que pertenezcan (o hayan pertenecido) a otra persona, para que los otros miembros los usen en sus "lecturas." Cada participante debe escoger el objeto que más le llame la atención y, después de sostenerlo y concentrarse, debe describir a la persona a la que le pertenecía el objeto. El participante también puede recibir una cantidad considerable de información adicional sobre la salud física, el bienestar emocional y el estado mental del dueño del objeto. Éste es otro ejercicio maravilloso para trabajar al mismo tiempo que su grupo esté practicando con las fotografías; también ayuda reforzar la confianza del participante en su habilidad para canalizar.

Este es un ejercicio verbal y, por lo tanto, no es necesario escribir nada para recibir la información intuitiva. El objeto material en sí le dará información significativa y detallada a usted y a sus Ángeles, porque está saturado con la energía del propietario.

Practicar al Canalizar Para Otros

Ésta es una técnica de ejercicio excelente cuando tenga dudas sobre si la información que recibe proviene realmente de sus Ángeles y no de su propia cabeza.

Si hace una lectura para otra persona, y obtiene información intuitiva para ellos sobre cosas que no podría haber sabido, usted se convencerá rápidamente que realmente está canalizando. Transmitirle mensajes necesarios e importantes de sus Ángeles a un amigo o a un familiar será extremamente reconfortante y constituirá una gran ayuda para sembrar confianza en sus propias habilidades de canalización.

La práctica de canalizar para otra persona requiere de mucho valor; por eso le recomiendo que comience a afianzar su confianza con las otras técnicas antes de intentar hacer una "lectura."

Si las practica, ¿podrá adquirir la habilidad y la confianza para canalizar para otras personas y recibir información precisa? ¡Claro que sí!

Cuando le dé información canalizada a otra persona tendrá dos objetivos distintos. Primero, le estará dando una información de sus Ángeles que debe confirmar lo que ellos ya saben. Esto no es para nada sorprendente. Después de todo, sus Ángeles han estado comunicándose regularmente con ellos y probablemente estén tratando de darles la misma información que ya les han dado antes para que usted la repita.

Por ejemplo, usted puede estar realizando una lectura para su mejor amiga, Martha. Los Ángeles de Martha le dicen que ella va a ser ascendida en el trabajo. Ella le indica que ya lo sospechaba. O tal vez, usted recibe información según la cual ella debe empezar su propia empresa. Martha responde diciendo que había estado pensando desde hacía un buen tiempo. A pesar de que ya estaba esperando el ascenso, y que tenía la noción de que debía empezar su propio negocio, la confirmación de los Ángeles que usted le proporciona acerca de su conciencia previa es muy importante para que ella se dé cuenta de que sus instintos eran correctos, y esto la ayudará a afianzar su confianza en su propia intuición.

Por otra parte, usted le dará información acerca de las dinámicas que ocurren tras bambalinas y que ella desconoce.

Por ejemplo, Martha le pide que le transmita información de sus Ángeles acerca de su esposo, Harvey. Usted recibe un anuncio alarmante según el cual Harvey mantiene un romance con su secretaria, Myrna, desde hace mucho tiempo. Myrna pronto quedará embarazada. O quizá usted recibe información de acuerdo con la cual Martha tiene un pequeño quiste cancerígeno en su seno izquierdo, y que si se se somete a una cirugía para extirpar el quiste, tendrá la oportunidad de salvar su seno, detener la expansión del cáncer y disfrutar de muchos años de buena salud.

A pesar de ser inesperada, esta información es increíblemente valiosa, porque si Martha está conciente de algo que actualmente está pasando o que está por ocurrir, ella puede prevenir una experiencia incómoda o incluso traumática que la desestabilice emocionalmente. Puede ser que a Marta no le agrade lo que está pasando, pero por medio de la canalización, usted le ha permitido neutralizar el elemento sorpresa, que hubiera podido conducirla a una complicada situación emocional.

Hace muchos años, hice una lectura para una cliente de Houston que estaba preocupada de que algo "raro" estuviera pasando con su esposo quien, en ese momento, estaba viviendo en Nueva Zelanda.

Mi cliente afirmó que tenían una buena relación desde hacía muchos años y que los dos habían decidido soportar la distancia para que él pudiera comenzar un nuevo negocio. Su plan era que ella se reuniría con él poco después, cuando el dinero se los permitiera.

Ella me había dicho que durante su última conversación por teléfono la voz de su esposo sonaba "extraña" y que estaba preocupada. Ella le había preguntado si algo andaba mal, pero él le había asegurado que todo estaba bien, y que simplemente estaba bajo el estrés habitual que implicaba la apertura del nuevo negocio.

Mi cliente preguntó sobre el "extraño" tono de la voz de su esposo. ¿Sería un problema de salud? ¿Sería que no se estaba sintiendo bien? ¿Había perdido todo su capital de inversión? ¿Habría cambiado su manera de pensar acerca del negocio? ¿O tal vez simplemente se sentía solo? Ella sabía que algo estaba pasando, pero sentía que él no le había dicho exactamente cuál era el problema para no preocuparla innecesariamente.

Durante su sesión, recibimos información que confirmaba claramente que algo estaba pasando. Su esposo había comenzado a tener un romance con una joven a la que había conocido por medio de su trabajo y se había dejado llevar por su atracción hacia ella.

Mi cliente estaba aterrada. No se esperaba *eso*. Al principio, no podía creerlo. Luego me pidió que le diera información más detallada. Yo describí a "la otra mujer," le expliqué cómo se habían conocido, y dónde tenían sus encuentros amorosos. Esa fue otra sorpresa desagradable. ¡Se estaban encontrando en la casa que mi cliente y su esposo habían comprado juntos, y a la que se mudarían una vez ella llegara a Nueva Zelanda!

Entonces las piezas del rompecabezas empezaron a adquirir sentido para mi cliente. Recordó que había creído oír la voz de una mujer durante una conversación que había tenido con su esposo la semana anterior; al preguntarle por dicha voz, él se había reído y le había dicho que estaba loca. Ella también se había estado preguntando por qué la máquina contestadora siempre estaba conectada, aun cuando se suponía que él debía estar en casa. Su esposo también había dejado de ser tan romántico como antes, y "ahora que lo pensaba mejor," se estaba comportando frío e indiferente con ella. Tampoco hablaba de la llegada de ella a Nueva Zelanda con el mismo entusiasmo y ansiedad de antes.

Una vez todos los datos empezaron a encajar, ella presintió que sus Ángeles tenían la razón. Su esposo estaba sosteniendo un romance con otra mujer.

La siguiente pregunta que me hizo fue, "¿Ahora qué debo hacer? ¡Quiero escucharlo de su propia boca! ¡Quiero pruebas de que me está engañando! ¡Me los imagino claramente! ¡Y se están encontrando en la que sería mi propia casa!"

Sus Ángeles le dijeron que si quería tener pruebas, debía confrontarlo directamente. Ella debía decirle que una psíquica lo "había visto" con su amante y le había dicho que se estaban encontrando frecuentemente en su casa. También debía describir físicamente a la otra mujer y decirle cuánto tiempo hacía que habían comenzado la relación.

Mi cliente vaciló antes de poner todas sus cartas intuitivas sobre la mesa, y pensó en contratar a un investigador privado para que tomara fotos comprometedoras que él nunca pudiera refutar.

Sus Ángeles le dijeron que no hacía falta que contratara a un investigador. Para conseguir las pruebas, lo único que tenía que hacer era seguir el plan de acción que le habían recomendado. Sólo tendría que hacer una llamada telefónica. Sus Ángeles también le recomendaron que grabara la conversación pues su esposo ya había demostrado ser mentiroso y, después de confesar, probablemente mentiría y diría que nunca habían tenido esa conversación.

Ella salió de mi consultorio llorando y con una gran incertidumbre acerca de cómo debía actuar, pero me prometió que llamaría a contarme qué había decidido hacer.

Varios días después recibí su llamada. Me dijo que tenía el corazón destrozado, pero que se sentía triunfante porque había obtenido las pruebas que necesitaba. Llamó a su esposo y grabó la conversación:

ELLA: "Sabes mi amor, cuando hablamos el otro día, me quedé preocupada. Sentí que algo andaba mal."

ÉL: "Creo que estás demasiado sensible. ¡Ya te dije que todo estaba bien!"

ELLA: (Sollozando) "Tengo miedo de que tengas un romance."

ÉL: "¡Un romance! ¿Cómo puedes pensar eso? ¿No confías en mí?"

ELLA: "Sí, pero todo parece indicar que…"

ÉL: "¡Estás loca! ¿Por qué crees que querría arruinar lo nuestro? ¡Sé que tú me dejarías por sólo mirar a otra mujer!"

ELLA: (Silencio)

ÉL: "¿Mi amor?

ELLA: "Aquí estoy.

ÉL: "Te amo.

ELLA: (Silencio)

ÉL: "¡No puedo creer que me estés acusando! ¿Otra mujer? Si lo único que he estado haciendo es arreglar la casa para ti…"

ELLA: "¿Ah, sí? ¿Y qué has estado haciendo allí por las noches? ¿Escogiendo los colores de los muebles de la sala?"

ÉL: (Enfurecido) "¿Quieres parar de interrogarme? ¡No puedo creer esto! ¡Estás completamente loca! No tienes ninguna prueba."

ELLA: "En realidad sí la tengo. Sé que contrataste a tu novia como representante del departamento de servicio al cliente. Ella tiene veintiséis años, mide entre cinco pies seis pulgadas y es muy delgada. Tiene el pelo oscuro y los ojos azules. Se está divorciando de su segundo esposo y la has estado viendo desde hace exactamente dos meses. Los dos conducen autos separados, ella tiene un Volvo, y ustedes se ven en nuestra casa tres veces por semana. También sé que está comenzando a molestarse porque no sales con ella en público y siempre comen en casa. Después de comer, ella pasa la noche contigo. Es por eso que la máquina contestadora siempre está conectada cuando yo llamo. Tú le mientes y le dices que vas a divorciarte tan pronto me mude a Nueva Zelanda, pero en realidad no tienes ninguna intención de hacerlo. ¿Quieres más pruebas?"

ÉL: "¡Oh, Dios mío, no puedo creer que te hayas

enterado de eso! ¡Pero cómo demonios puedes saberlo si tú estás en Houston y yo estoy en Nueva Zelanda! ¿Qué hiciste? ¿Contrataste a un investigador privado?"

ELLA: "No. ¡A una psíquica!"

Cuando usted esté pensando en practicar sus habilidades de canalización y realizar una lectura intuitiva para otra persona, le pido, le ruego, que sólo lo haga para personas que sean receptivas y que realmente confíen en el proceso intuitivo. Si intenta hacer una lectura para alguien que en realidad no quiere recibir este tipo de información intuitiva, que no sea receptiva o tenga una actitud negativa o incrédula de la canalización, o ridiculice el proceso, entonces fracasará, téngalo por seguro. Hará que un proceso emocionante y divertido se convierta en algo frustrante y deprimente; le advierto que si realiza lecturas para personas así, se sentirá agotado, miserable y percibirá que la confianza que tanto anhela tener en su habilidad para canalizar, desaparecerá. Busque personas de mente abierta, iluminadas, curiosas, entusiastas, que tengan una actitud positiva frente a su nueva habilidad y su necesidad de práctica.

Cuando realizo alguna lectura para uno de mis clientes, un empresario exitoso, siempre siento una gran alegría debido a su conciencia intuitiva, su receptividad y su nivel de iluminación. La fe que tiene en su propia intuición le ha permitido crear y mantener un gran número de negocios lucrativos en diversas industrias.

A pesar de ser tan abierto, cuando le conté acerca de una oportunidad inesperada de un negocio futuro, él se rió y expresó gran incredulidad. ¡Sus Ángeles le dijeron que se prepara para un pequeño papel en una película protagonizada por Charlie Sheen! La próxima vez que me encontré con él para conducir una sesión privada, unos cuatro meses después, él ya había completado su papel en la película y estaba buscando otros papeles en el cine con gran entusiasmo.

A pesar de que inicialmente nos pareció muy poco probable, tanto mí como a mi cliente, que él tuviera la oportunidad de trabajar como actor de cine, él siguió dispuesto a escuchar la información intuitiva que le enviaban sus Ángeles.

Una vez que usted haya escogido una persona (realmente iluminada) para quien canalizar, dígale que prepare una lista de preguntas para sus Ángeles antes de la sesión, de manera que usted tenga una agenda de asuntos importantes para desarrollar durante la canalización y ambos puedan aprovechar su tiempo juntos lo mejor posible. Las preguntas de su cliente deben representar sus mayores prioridades. Establezca un límite de tiempo para la sesión, de manera que no agote completamente sus baterías. Le sugiero que grabe la sesión para que tenga un registro exacto de toda la información que ha obtenido de los Ángeles y por la que usted ha trabajado tan duro. La cinta también le proporcionará una retroalimentación que le permitirá mejorar su precisión. Para comenzar, le sugiero que escriba en un papel el nombre de su cliente y su edad junto con la fecha del día. ¡Respire profundo, concéntrese, llame a los Ángeles y habrá comenzado su camino!

Práctica en una Feria Psíquica

Practicar su habilidad para canalizar en una feria psíquica es sin duda una de las técnicas de práctica más difíciles y sólo debe considerarla después de haber experimentado algún éxito canalizando para amigos y familiares.

Aún después de haber logrado un alto nivel de confianza en lecturas previas para sus seres queridos, quiero que sea conciente de que canalizar para un extraño es una experiencia totalmente diferente; pero con un poco de práctica podrá hacerla.

Tomar este tipo de riesgo tiene muchas ventajas. Una feria psíquica constituye un magnífico campo de entrenamiento para desarrollar su habilidad de recibir información de los Ángeles rápidamente, ya que usted sólo tiene de diez a quince minutos con cada cliente. Las ferias psíquicas generalmente atraen a personas que tienen una gran cantidad de preguntas, que van desde su salud y su misión en la vida, al estado de sus relaciones, y el bienestar de sus hijos.

A pesar de que me sentía absolutamente aterrorizada, la experiencia de participar en varias ferias psíquicas fue invaluable cuando estaba comenzando a trabajar con mis Ángeles para desarrollar mis habilidades de canalización. Recuerdo que me hacían preguntas impresionantes que me sorprendían y que, curiosamente, en todos estos años de experiencia, ¡nunca me han vuelto a preguntar!

Un sábado, durante mi primera feria psíquica, una mujer de mediana edad se sentó frente a mi mesa con un hombre evidentemente reacio que, según me explicó, era su segundo esposo y el padrastro de sus dos hijas adolescentes. La mujer prosiguió a contarme, casi en un susurro, ¡que sus dos hijas se habían ido de la casa tras acusarlo de abuso sexual! Con lágrimas en sus ojos y con mucha rabia, hizo un gesto señalando a su esposo y, confrontándolo, me pidió que estableciera una canalización para saber la verdad. ¿Debía creer la historia de que sus hijas eran víctimas, o debía confiar en la insistente negación de su esposo? Con los ojos abiertos, miré a su esposo, que estaba sentado de una manera extrañamente pasiva, sin expresar ninguna emoción, mirándome con más curiosidad que con miedo de ser descubierto.

En el momento en el que nuestras miradas se encontraron, sin embargo, el esposo saltó abruptamente de su asiento y se escapó al baño. Para mi fortuna, tuve una pequeña oportunidad para hablar con la mujer a solas. Mi corazón latía con mucha fuerza, pero pude recibir la información de los Ángeles que la mujer necesitaba para confirmar sus propias sospechas; lentamente y con calma se la transmití. Su esposo sí había abusado sexualmente de las dos muchachas.

No todas las preguntas que recibirá serán tan delicadas, pero si usted decide lanzarse y trabajar en una feria psíquica, un buen comienzo es estar preparado para lo inesperado y, al igual que los Boy Scouts, estar listo para cualquier cosa.

Si está considerando seriamente ejercer como un canalizador psíquico profesional, es indispensable que participe regularmente en este tipo de ferias para tomar una decisión inteligente sobre cuán realizado se siente accediendo a la información de los Ángeles para otras personas y si realmente disfruta el proceso de transmitirla. Estas ferias también le ayudarán a desarrollar una conciencia de quién es usted y de cómo trabaja, a la vez que son un excelente lugar para establecer contactos de trabajo dentro de la comunidad.

El método de preparación es exactamente igual para cualquier sesión de canalización, no importa que la sesión sea para su tía Vera, sentada en la mesa de su cocina, o para un extraño que quiere una lectura en una feria psíquica. Escriba el nombre de la persona y su edad en un papel, respire profundo, concéntrese y llame a los Ángeles de esa persona.

Reglas de Comportamiento Psíquico: Qué Hacer y Qué No Hacer a la Hora de Proveerle Información Canalizada a los Demás

Una vez que haya desarrollado su habilidad para canalizar y se esté comunicando regularmente con sus Ángeles, ocurrirá un fenómeno increíble. Una banda visible de luz eléctrica comenzará a irradiar desde usted, y todos los Ángeles de la guarda en el otro plano podrán percibirla.

Cuando su energía eléctrica se vuelve visible, los Ángeles se sentirán atraídos hacia usted pues usted está abierto a recibir su información y a responderles en una comunicación de doble vía.

¿Por qué gastarían su tiempo y su energía los Ángeles de la guarda de otras personas para comunicarse con usted? Para motivarlo a transmitir sus mensajes a aquellas personas que ellos guían, como si usted estuviera entregando un telegrama "psíquico."

Debido a que muchas personas nunca toman conciencia de sus habilidades de canalización, el proceso de comunicarse se vuelve muy frustrante y tedioso para sus Ángeles. Ahora que usted está canalizando fluidamente, sus Ángeles consideran que usted es "la mejor opción," ya que ellos no pueden hacerse presentes.

Siempre trato de hablar con las personas después de que han asistido a mis seminarios para preguntarles qué están experimentando y cómo ha progresado su comunicación con los Ángeles. La mayoría de aquellos con los que he hablado suelen comentar que han sido visitados por un gran número de Ángeles de la guarda que les solicitan transmitir una variedad de información a amigos, familiares, colegas de trabajo, conocidos e inclusive a extraños. Esto ocurre con tanta frecuencia que quiero que usted lo tenga en cuenta y esté totalmente conciente y preparado para la experiencia.

A pesar de que tendrán diferentes personalidades comunicarse con Ángeles de la guarda distintos a los suyos requerirá las mismas destrezas de comunicación. Los Ángeles le hablarán con dulzura para persuadirle de que tenga la gentileza de transmitir información intuitiva que ellos no logran comunicar porque la persona que tratan de guiar es muy poco receptiva, está distraída o está emocionalmente alterada. Los Ángeles de otras personas pueden contactarlo una sola vez en toda su vida o acudir a usted constantemente para solicitarle que transmita sus mensajes. Cuanto más dispuesto esté a servirles de canal de comunicación, más le pedirán que lo haga.

La decisión de transmitir información de los Ángeles a otra persona es totalmente suya. Le aseguro que no estará acumulando ningún karma negativo si se niega a hacerlo. Los Ángeles sencillamente buscarán a otra persona que esté canalizando productivamente.

Si decide transmitir la información intuitiva que recibe, usted no tiene que decir, "Mary, su Ángel de la guarda me acaba de decir que si llega tarde una vez más esta semana, su jefe la despedirá."

A no ser que sea muy iluminada, Mary pensará que usted se volvió loco. En cambio, podría sustituir esta afirmación por otra, como, "Mary, tengo el presentimiento de que…" De esta manera estará dándole el mismo mensaje, pero no la asustará y evitará convertirse en objeto de sus burlas.

Cuando recién empezaba a canalizar, ¡había tantos Ángeles de la guarda que me visitaban y me pedían que transmitiera "telegramas" a otras personas que estaba realmente asombrada! Yo pensé que si ellos venían a mí y me lo pedían de una manera amable, quería decir que yo era la persona indicada para el trabajo. ¿Quién era yo para negarme? ¡Qué equivocada estaba! Aprendí, de la manera más difícil, que yo no estaba obligada a entregar los telegramas psíquicos, sino que se trataba de una decisión personal, y que yo debía ejercer mi discreción siempre que me lo pidieran.

¿Cómo aprendí "por las malas"? Transmitiendo con gran entusiasmo la información intuitiva que recibía, sin importarme los sentimientos de los demás, como alguien que acaba de comprar una cámara nueva y quiere tomarle fotos a todo el mundo sin preocuparse por saber si ellos quieren salir o no en las fotos.

Por ejemplo, cada vez que conocía a un hombre nuevo y salía con él en una cita, su Ángel me visitaba y me pedía que le transmitiera un mensaje. La conversación con la persona con la que estaba saliendo transcurría así: "Tom, anoche, tu Ángel de la guarda me dijo que debes ir al médico. Tienes algo en el corazón que puede causarte problemas en el futuro…" Asustaba terriblemente a Tom, teníamos una cita muy corta y, obviamente, él nunca me volvía a llamar.

Con frecuencia también me pedían que le transmitiera información intuitiva a extraños, por ejemplo cuando estaba en el supermercado, la lavandería, cuando iba a la zapatería o a los bancos. Recibía información intuitiva muy clara para alguien que estaba parado junto a mí.

Una vez, después del trabajo, estaba en el supermercado cuando de repente una mujer se acercó y se paró a mi lado en la sección de productos congelados, buscando algo en la sección de helados. Entonces yo recibí un "telegrama" para ella.

"Discúlpeme," le dije mientras me acercaba a ella

llena de entusiasmo por ayudar. "Esos datos que usted puso en el informe que dejó encima del escritorio de su jefe son erróneos. Los revisó con mucha más premura que la que tiene normalmente por la cita que tiene esta noche. Es mejor que vuelva a la oficina y los revise. Eso podría decidir si va a recibir un aumento o a perder su trabajo. De cualquier manera, la persona con la que iba a salir hoy va a cancelar la cita."

La mujer se quedó petrificada, con los ojos desorbitado. Luego se alejó de mí, completamente incrédula, y empujó su carro de mercado en la dirección opuesta a la mía tan rápido como pudo, como si se hubiera visto a alguien que tenía la peste bubónica.

Me pregunté, ¿por qué está pasando esto? ¡Yo le estaba transmitiendo un mensaje de sus Ángeles! ¿Por qué me sentí tan incómoda y avergonzada? Yo nunca trataría de hacer que alguien se sintiera cohibido o asustado intencionalmente.

Me tomó algún tiempo comprender que era cuestión de privacidad. A nadie le gusta que violen su intimidad y eso era lo que estaba haciendo cuando me acercaba a otras personas con mensajes de sus Ángeles que no ellos no habían solicitado. No importa cuán buenas fueran mis intenciones o que la información proviniera directamente de sus Ángeles, yo estaba invadiendo su intimidad.

Debido a que fue una experiencia de aprendizaje bastante dura, y a que me encontré con muchas respuestas negativas al transmitir mis "telegramas," hoy soy sumamente cuidadosa con los sentimientos de los demás y su derecho a la privacidad.

A pesar de haber adaptado esta filosofía, algunas veces transmito información de los Ángeles sin que me lo hayan solicitado. Mi principio básico es el siguiente:

Transmito información intuitiva siempre que se trate de la salud de una persona o su seguridad física. Únicamente hago esas dos excepciones.

¿Por qué hago excepciones? Porque sé que no podría vivir sabiendo que tal vez hubiera podido dar una ayuda vital a esa persona.

Si yo recibiera una información que, en última instancia, podría evitar una violación sexual, un secuestro o un asesinato, y me niego a transmitirla, nunca podría racionalizar mi silencio al enterarme de que la tragedia que yo hubiera podido impedir efectivamente ha ocurrido.

Así que si me le acerco a un extraño con información intuitiva sobre su salud o seguridad, lo hago sabiendo cuál será su comportamiento más probable. Sin embargo, siguiendo mi principio básico, he tenido la oportunidad de transmitir mensajes que, a pesar de no haber sido solicitados, ya han salvado tres vidas.

Cómo Escoger un Buen Canalizador Psíquico

A pesar de que escribí este libro para enseñarle cómo comunicarse directamente con sus Ángeles de la guarda, en ciertas ocasiones usted querrá o necesitará que otra persona canalice por usted, sin importar cuánto haya desarrollado sus propias habilidades intuitivas.

Tal vez sólo quiera confirmar una información que ya ha canalizado, o quizá esté lidiando con asuntos muy difíciles y necesite asegurarse de que no está malinterpretando la información intuitiva de sus Ángeles.

Cuando quiero confirmar informaciones delicadas, o cuando quiero darme el lujo de que otra persona reciba los mensajes de mis Ángeles por mí, llamo a mi madre, quien también tiene una gran habilidad para la canalización.

Si decide buscar a un profesional, debe tener en cuenta los siguientes criterios que le ayudarán a escoger a un(a) psíquico(a) instruido(a) y respetable. Mis pautas son las siguientes:

1. En lugar de buscar en el directorio telefónico, siga la recomendación de alguien a quien conozca y respete. Si usted comparte una filosofía similar con un amigo, familiar o colega, seguramente se sentirá satisfecho con una referencia suya, ya sea para elegir un doctor, abogado, estilista, contador o canalizador psíquico. Si no conoce a alguien que ya haya visitado a un canalizador, si las personas que conoce han tenido una mala experiencia, o si no quiere hablar de su visita a un canalizador con nadie más, llame a una clínica, una escuela o una librería metafísicas para que le den una recomendación. Ellos deben conocer profesionales confiables.

2. Cuando llame a pedir su cita, recuerde preguntar acerca del tiempo que esa persona lleva en la profesión. Parte de mi filosofía es que si usted se está tomando el tiempo y está invirtiendo su dinero en visitar a un canalizador psíquico, es porque desea tener una sesión con alguien que tenga más experiencia y haya desarrollado su habilidad para la canalización mejor que usted. De lo contrario, ¿para qué ir? Usted estaría desperdiciando su tiempo, dinero y energía. Usted debe asegurarse de que se trata de personas con experiencia *antes* de entrar en su consultorio para no salir desilusionado.

3. Pregunte acerca de la estructura de honorarios del canalizador. ¿Cuáles son exactamente sus honora-

rios y qué recibirá usted a cambio de su dinero? ¿Las sesiones tienen una duración fija? ¿Puede hacer todas las preguntas que quiera durante ese tiempo? ¿Existen honorarios adicionales? Y si existen, ¿para qué son? Tenga cuidado con los psíquicos que le dicen, "¡Oh! ¿Quiere la información? Yo se la puedo conseguir, pero le costará más…"

El psíquico debe contestar sus preguntas acerca de su trabajo de una manera abierta, profesional e inteligente. Si le responde con frases vagas u hostiles, debe agradecerle por su tiempo, colgar el teléfono y continuar su búsqueda.

4. Antes de pedir una cita, también debe averiguar si el tipo de preguntas que puede hacer es ilimitado. ¿El canalizador le permitirá y lo motivará para que formule las preguntas que constituyen su prioridad actualmente? Después de todo, la razón de que usted quiera hacer una cita es precisamente que desea encontrar las respuestas a sus interrogantes. ¿Existen ciertos temas a los cuales el psíquico no tiene acceso? ¿Puede tener acceso a datos específicos? Usted no querrá ir a donde alguien que hace afirmaciones muy amplias o generales como, "Ah, sí, usted conseguirá el nuevo trabajo, pero no puedo decirle con certeza si será en tres semanas, en tres meses o en tres años."

En mi opinión, si acude a un canalizador profesional, usted merece recibir información mucho más precisa. Después de leer este libro y de practicar, ¡usted podrá obtener datos específicos por sí mismo!

También debe asegurarse de aclarar con anterioridad la razón por la cual está haciendo la cita, para así

tener la seguridad de que el canalizador tiene suficiente experiencia para responder sus preguntas
particulares.

5. Pregúntele al canalizador si tiene el equipo necesario para grabar su sesión, y si es necesario que usted
lleve su propia cinta. Si él no le facilita esta posibilidad, usted debe insistir en llevar su propio equipo de
grabación y una cinta para grabar la sesión. Si el psíquico se niega a que usted grabe la consulta, no haga
ninguna cita con él.

Un buen canalizador querrá que usted tenga un
registro exacto de la información que obtiene en la
sesión. Yo insisto en grabar todas las consultas que
doy en mi consultorio, aún si el cliente no quiere la
cinta. Después de cada sesión, le doy la cinta a mi
cliente y él (ella) es libre de hacer lo que quiera con
ella. La información canalizada a la que tuve acceso
le pertenece. Él (Ella) me ha dado un intercambio
justo de energía por mi tiempo, y ofrecerles un registro fiel de lo que hemos conversado es parte de mi
responsibilidad.

Ni siquiera considere la idea de dejar constancia
de la sesión tomando notas. Frecuentemente, los canalizadores hablan muy rápido, de manera que usted
no podrá anotarlo todo, y seguramente se perderá
cosas importantes. Además, esto lo distraerá y es
una pérdida de tiempo que usted esté obligado a recibir un dictado. ¿Por qué debe molestarse en hacer
todo eso?

6. Pregunte oportunamente si su sesión será confi-
dencial. A no ser que usted sea una celebridad, tal
vez no tendrá que preocuparse de que la informa-

ción canalizada termine en la primera página de una revista de chismes. Sin embargo, cualquier cosa que usted pregunte debe permanecer en privado y no debe salir del consultorio del psíquico.

A lo largo de los años, he tenido sesiones con clientes que son muy reconocidos, y que naturalmente se han preocupado por conocer mi filosofía de confidencialidad. Creo que el código de ética de un psíquico debe ser muy similar al de un psiquiatra, un cura o un abogado. Personalmente, no visitaría a un psíquico que habla frecuentemente por la televisión, habla sobre la vida de los famosos y hace predicciones sobre lo que sucederá con personas conocidas.

¿Cómo me volví una militante de mi filosofía de privacidad? Comencé a ejercer como canalizadora hace ya varios años, al acceder ingenuamente a contestar preguntas y hacer predicciones acerca de individuos famosos, que no eran mis clientes, en estaciones de radio y de televisión local en Houston. A pesar de que me presionaban con insistencia, yo siempre me rehusaba a revelar públicamente la identidad de mis clientes o lo que ellos habían hablado conmigo en mi consultorio.

Pronto me di cuenta de que si no revelaba la identidad de ninguno de mis clientes porque me parecía una horrible violación de su privacidad y de su confianza en mí, ¿cómo podía siquiera considerar la posibilidad de hablar sobre la vida de alguien que nunca había conocido?

Hacer predicciones públicas acerca de los problemas de salud, el matrimonio, los hijos, la carrera profesional y otras facetas de la vida de alguien sin contar con su autorización previa es el peor tipo de explotación, y me parece grotesco desde el punto de vista psíquico.

Ahora siempre rechazo las ofertas de aparecer en televisión local o nacional para hacer predicciones profesionales sobre celebridades o sobre cualquier otra persona. Simplemente no lo haré y seguiré rechazando ese tipo de entrevistas.

Unas palabras de advertencia si usted es una celebridad o una persona muy conocida: sea muy, muy selectivo en el momento de elegir a su canalizador. Definitivamente no querrá que, en un futuro, un psíquico explotador (o astrólogo, lector del Tarot, etc.) divulgue información acerca de usted a los medios buscando sacar provecho de su fama.

7. Durante su sesión, preste atención a cualquier actitud hostil del psíquico que pueda interferir con la información canalizada que le transmite.

Por ejemplo, unos años antes de convertirme en canalizadora, visité a una psíquica que evidentemente tenía conflictos no resueltos con los hombres. Durante mi sesión, cada vez que yo preguntaba acerca de las posibilidades de que apareciera un hombre especial en mi vida, se irritaba mucho y se ponía muy seria. Parecía extremadamente enojada ante el hecho de que yo quisiera o necesitara un hombre especial en mi vida.

"Después de todo," decía mientras hacía un gesto hacia la ventana abierta desde la cual se veía a varios hombres jóvenes trotando, "ellos son todos iguales. No importa a cuál escoja. Al final se sentirá desilusionada, miserable, y él le partirá el corazón. Es lo que hacen los hombres con todas las mujeres."

Sobra decir que la lectura no fue muy buena. No recibí la información más importante que necesitaba debido a los problemas pendientes de la psíquica. No sólo desperdicié todo mi tiempo, dinero y energía, sino que me sentía tan agotada y deprimida cuando salí de su casa, ¡que compré una libra de chocolate y me la comí de camino a mi oficina!

8. Tenga cuidado con los psíquicos que dicen que sólo ellos pueden recibir información canalizada, o los que tratan de asustarlo para que piense que no puede tomar ninguna decisión sin su opinión psíquica. Ese comportamiento constituye una forma de manipulación y probablemente responda al objetivo de sacarle la mayor cantidad de dinero sea posible.

Si realmente se ha tomado el tiempo para intentar la canalización, sabrá que usted mismo es capaz de canalizar para lograr acceso a la información intuitiva que le envían sus Ángeles. No importa cuán buenos canalizadores demuestren ser esos psíquicos, aléjese de ellas tan rápido como pueda. Están más interesados en su dinero que en su evolución espiritual.

9. No permita que ningún psíquico (o cualquier otra persona) lo presione para hacer una cita. Desde su primera conversación telefónica, usted sabrá si esa persona es la indicada para usted.

Si ya tuvo una sesión con un canalizador, usted sabrá si quiere acordar otra cita con él (ella). Cuando mis clientes me preguntan si deben pedir o no otra consulta conmigo y para cuándo, les digo que ellos intuitivamente sabrán cuándo necesitan volver.

10. No importa cuán convincente pueda ser un psíquico, quiero que se dé cuenta de que las maldiciones no existen.

No Existen Soluciones Mágicas

Quisiera extenderme un poco más sobre el tema de las "maldiciones." Desde que comencé a trabajar como canalizadora psíquica, me sorprende ver el número de mujeres y hombres pensantes e inteligentes que llaman a mi consultorio porque están convencidos de que alguien los ha hecho víctimas de una maldición.

¿Cómo es posible que crean que fueron "maldecidos"? Porque consultaron a un psíquico(a), posiblemente uno(a) que tiene un nombre como Madame Lagonga, que les hizo una lectura corta a un bajo precio y fue increíblemente específica. Ella describió su profesión, estilo de vida, amigos, familiares con una precisión imponente y, al hacerlo, gradualmente logró ganarse su credibilidad.

Estas personas me decían que después de que terminaba de hacer sus revelaciones acerca de sus vidas personales y profesionales, Madame Lagonga sorpresivamente "descubría" que un familiar disgustado o un colega vengativo del trabajo que les deseaba el mal, les había echado una maldición. Madame Lagonga les advertía que si no se libraban de la maldición rápidamente, sufrirían consecuencias terribles.

Algunas personas racionales e inteligentes pueden ser manipuladas ingeniosamente por Madame Lagonga debido a la gran precisión del resto de su información psíquica. En efecto ¿quiénes son ellos para dudar acerca de la maldición?

"¿Qué puedo hacer con respecto a la maldición?" preguntaría el cliente.

"Ah," diría ella, "¡usted es muy afortunado de tenerme a mí! Tengo años de experiencia quitando todo tipo de maldiciones. Puedo "ver" que su caso va a ser especialmente difícil. Puedo "ver" que si no se deshace de esta maldición, perderá su trabajo [cónyuge, dinero, casa, buena salud, etc.] y yo no me haré responsable."

Madame Lagonga le describiría vagamente cuánto tiempo le tomaría deshacer la maldición con un rezo y le explicaría el procedimiento secreto de llenar una bolsa especial con muchas pertenencias personales de la "víctima" de la maldición, junto con otros objetos, entre ellos varios tipos de derivados animales.

El ritual para "quitar" la maldición terminaría cuando Madame Lagonga se llevara la bolsa llena de parafernalias a un lugar secreto y la enterrara, para luego volverla a sacar e inspeccionar para determinar si la maldición ya se ha ido.

De acuerdo con lo que las personas que han asistido a este tipo de psíquicos me han dicho, el precio por "quitar la maldición" normalmente comienza en varios miles y puede ascender a decenas de miles de dólares.

¿Cómo puede ser que personas racionales e inteligentes se dejen embaucar por semejante argucia? Se sorprendería de ver lo convincentes que pueden llegar a ser estos impostores. Después de todo, ellos tienen años de experiencia engañando a clientes vulnerables.

Al armarlo con la verdad, quiero evitar que usted se convierta en una víctima más. Primero que todo, sin importar lo que le digan, las maldiciones no existen.

Es imposible que otra persona, por más que lo odie o por increíble que sea su habilidad intuitiva, le eche una maldición o un hechizo. Nunca se deje engañar creyendo que su vida puede ser controlada por algo o por alguien aparte de usted mismo.

Ninguna influencia externa puede hacer que usted pierda su trabajo, su pareja o su buena salud. Si en la actualidad no es feliz, no tiene éxito o está insatisfecho con su vida, eso no se debe a ninguna influencia externa que lo esté impidiendo que usted avance. Su éxito, su paz mental, sus sentimientos de felicidad, sólo dependen de lo que usted cree para sí mismo a diario.

Por otra parte, no espere obtener ninguna solución fácil y rápida a situaciones difíciles comprando provisiones metafísicas creadas "sólo para usted" por algún impostor ansioso de aprovecharse de su inocencia, confianza o vulnerabilidad. Nunca invierta su dinero en pociones mágicas, arroz bendito, velas especiales, amuletos con poderes, derivados animales, "quita maldiciones," o cualquier otra parafernalia costosa y sin sentido.

Tenga en cuenta que ninguna poción o amuleto puede hacer que usted quede embarazada, forzar a su novio(a) a que vuelva a usted, abrir nuevas oportunidades de trabajo, crear caos en la vida de otra persona o ayudarle a ganarse la lotería.

Por favor, entienda que no existe una solución mágica para ningún problema, reto o dificultad. Todo lo que usted pueda alcanzar dependerá de su capacidad para desarrollar la fe en sí mismo, tomar los riesgos necesarios y estar dispuesto a emprender un trabajo largo y difícil. No hay atajos.

CAPÍTULO DIEZ

❧

Preguntas y Respuestas

Las siguientes son preguntas que han sido formuladas a lo largo de los años por los participantes a mis seminarios de canalización. Espero que le resulten reveladoras e informativas en su esfuerzo por convertirse en un ser más iluminado y desarrollar una relación más estrecha con sus Ángeles.

¿Qué sucede cuando siento que un familiar fallecido está todo el tiempo a mi alrededor y, de repente, ese sentimiento de su energía se desvanece?

Existen varias razones por las cuales usted puede dejar de sentir la energía de un familiar fallecido. Cuando un ser amado pasa al otro plano, él o ella frecuentemente se preocupa por nuestro bienestar y decide continuar cerca de nosotros para protegernos. En el momento en que sienta que ya no necesitamos su guía o protección porque estamos funcionando productivamente, él o ella seguirá su curso y desarrollará una nueva existencia en el cielo.

También puede ser que ya no sintamos la presencia de un ser amado que ha muerto porque él o ella ha regresado al plano físico para vivir una nueva vida en otro cuerpo. Una vez que nuestra alma entra a otro cuerpo físico y se embarca en una nueva vida, ya no podemos canalizar con ese individuo como un ser celestial, porque él ya no está en el otro plano. Sin embargo, si deseamos recibir información sobre sus nuevas vidas aquí, en el plano físico, podemos tener acceso a ella a través de nuestros Ángeles.

¿La canalización con un ser amado fallecido es más fácil que la comunicación con un Ángel de la guarda?

La canalización con seres amados fallecidos es muy parecida a la comunicación con sus Ángeles, porque todos ellos coexisten, tanto unos como otros, en el cielo, al que yo me refiero como "el otro plano." Sin embargo, recuerde que usted ya tiene un vínculo afectivo con ese ser querido fallecido, y esa relación previa definitivamente hará que la comunicación con él sea más fácil y parezca más tangible.

En mi consultorio, muchos clientes han empezado sus sesiones privadas describiéndome la muerte reciente de un ser amado, y luego exclaman sin aliento, "¡Usted puede pensar que yo estoy loco(a), pero yo vi a mi tía Sara anoche! Y esta mañana, ¡ella me habló en el auto!"

Hasta que empecé a dictar mis seminarios sobre los Ángeles no me di cuenta de cuántas personas han visto y oído a seres amados que han vuelto para hablar con ellos. Es muy fácil que se comunique con su tía Sara porque usted puede reconocerla al instante. Usted recuerda el sonido de su voz, el lenguaje que usaba y la apariencia que tenía cuando aún estaba aquí, en el plano físico. Por increíble como parezca, usted sabe que realmente habló con su tía Sara porque, para usted, ella sigue siendo una persona muy conocida. Con un poco de práctica, usted puede llegar a conocer a sus Ángeles de la guarda de la misma manera.

¿Podemos obtener información intuitiva acerca de otra persona sin su permiso?

Definitivamente sí, y esto no se considera una invasión a su privacidad. Nuestros Ángeles consideran que cualquier pregunta que hagamos acerca de otra persona es válida y tiene mérito, siempre y cuando nuestro objetivo al formularla sea solucionar un problema, resolver un conflicto, mejorar una relación o evolucionar espiritualmente.

A lo largo de todos mis años como canalizadora, sólo una vez los Ángeles me han dicho que no podían darme acceso a la información intuitiva acerca de otra persona para transmitírsela mi cliente. La situación fue realmente divertida. Mi cliente preguntó sobre la vida amorosa de su hermano y si su hermano y su pareja se casarían algún día. Los Ángeles de su hermano aparecieron deprisa y pidieron de manera bastante específica que le dijera a mi cliente, "¡Eso no es asunto tuyo!"

A pesar de quedar sorprendida de recibir una respuesta tan tajante a una pregunta que parecía demostrar su cariño y preocupación, yo le repetí a mi cliente lo que ellos me habían dicho. Ella echó su cabeza para atrás y, muerta de la risa, me explicó "¡Eso es lo que mi hermano siempre me dice!"

Generalmente no tendrá ningún problema para obtener la información que usted desee conocer sobre otra persona. De acuerdo con mi experiencia, yo diría que

¡los Ángeles nos recriminan porque no les hacemos suficientes preguntas!

Si no está seguro de qué preguntar, por favor, mire la extensa lista de preguntas del Capítulo Cuatro.

Últimamente, me despierto en la mitad de la noche y no logro volver a dormirme. ¿Será que esto tiene algo que ver con mis Ángeles?

Es muy probable que la razón por la que usted se despierta en la mitad de la noche sea que sus Ángeles están tratando de transmitirle algún mensaje a una hora en la que usted esté menos distraído, en vez de arriesgarse a que la información se pierda en medio de la confusión y el ajetreo que caracteriza a otras horas del día. La próxima vez que se despierte en la mitad de la noche, puede que no se trate de un problema de insomnio; es muy probable que sus Ángeles estén tratando de hablar con usted.

Cuando esto ocurra, tal vez deba "cambiar la hora" de su cita y elegir una más conveniente, o quizá quiera aprovechar inmediatamente la información intuitiva que su Ángel trata de darle a través de la canalización y anotarla en un cuaderno que puede mantener en su mesa de noche.

¿La información de los Ángeles puede aparecer repentinamente en mi mente sin que yo la solicite?

Claro que sí, y es mucho más frecuente de lo que usted se imagina. Se trata del proceso de autoconciencia, la manera más común de comunicación con los Ángeles. Hasta que usted aprenda a hablar con sus Ángeles en una conversación de dos sentidos, ellos harán que "aparezca" información intuitiva importante en su mente que usted probablemente perciba como parte de sus propios procesos de pensamiento o de sus "instintos."

Por ejemplo, una tarde clara de otoño, una voz interior (que usted puede percibir como un "instinto") lo incita rápidamente a guardar su auto nuevo dentro del garaje para que esté seguro. A pesar de que no tiene ningún sentido lógico para usted en ese momento, decide confiar en sus instintos. Poco tiempo después, el cielo se oscurece como si fuera un mal presagio y, sin ninguna advertencia, una inesperada tormenta de granizo causa daños a los otros vehículos de su barrio.

¿Por qué tantas personas deciden volver al plano físico ahora que existe tanta violencia en el mundo?

En el plano físico siempre han existido la ignorancia, el peligro y la violencia. Cada periodo de la historia nos muestra el sufrimiento que las personas han tenido que soportar. Quizá en una vida anterior usted haya vivido el terror de la peste bubónica, haya sido torturado como una víctima inocente durante la Inquisición española, haya muerto en una hambruna, se haya ahogado a bordo del trágico *Titanic* o se haya suicidado después de haber perdido una fortuna, fruto de su esfuerzo, durante la Gran Depresión.

¿Por qué querría alguien volver a experimentar esas dificultades y sufrimientos si puede quedarse en el cielo? Cuando vivimos en el plano espiritual como seres celestiales, consideramos que volver a un cuerpo físico es una gran oportunidad para continuar resolviendo nuestros conflictos y realizando nuestra misión en la vida, mediante la cual podemos mejorar significativamente la calidad de vida de otras personas.

El plano físico, con todos sus sufrimientos, representa un campo de entrenamiento espiritual, que constantemente nos ofrece la oportunidad de elevar nuestro nivel de iluminación por medio de nuestro comportamiento y a través de la generosidad, el respeto y la consideración que mostremos por los demás.

¿Qué es la "luz blanca"?

La luz blanca es un rayo de energía eléctrica celestial que irradia, de manera invisible, alrededor de nuestro cuerpo físico para protegernos y sanarnos. Muchas veces escuchará que alguien le recomienda "rodearse de luz blanca" para beneficiarse de las cualidades protectoras y sanadores de la energía eléctrica.

¿Cómo rodearse a sí mismo de luz blanca? Cierre sus ojos y visualice todo su cuerpo envuelto en una energía blanca y plateada.

Muchas personas me han preguntado sobre cuán protectora creo que sea realmente la luz blanca. He conocido a individuos que, una vez que han hecho el ejercicio de aumentar la luz blanca que los rodea, creen que están a salvo de cualquier peligro.

No estoy de acuerdo con esta apreciación. Creo firmemente en la existencia de la luz blanca celestial, porque puedo sentirla irradiando de mi cuerpo todo el tiempo, y he visto físicamente cómo irradia de los cuerpos de mis clientes durante sus sesiones privadas. Sin embargo, tras la experiencia que tuve con casos de crímenes violentos mientras trabajaba con investigadores privados y las familias de víctimas de crímenes, creo mucho más en seguir mi intuición para evitar el peligro o los ataques físicos. No pienso que la mera confianza en la luz blanca proporcione suficiente protección contra problemas inesperados, ataques físicos o enfermedades.

¿Su cuerpo tiene reacciones físicas mientras usted está canalizando?

¡Sí, claro que sí! Soy una persona que siente frío todo el tiempo, pero tan pronto comienzo a canalizar, mi temperatura corporal aumenta y siento fogonazos de calor.

Además, cuando los Ángeles me dan información de particular importancia para mi cliente, las lágrimas se asoman en mis ojos y es muy común que sienta escalofríos.

Muchos de mis clientes se quedan boquiabiertos y frotan sus brazos porque ellos también sienten una sensación sobrecogedora, un escalofrío. Ésta es la confirmación de los Ángeles acerca de la información canalizada.

Si comienzo la canalización con un leve dolor de cabeza, éste desaparece rápidamente por el aumento de energía eléctrica que fluye a través de mi cuerpo. También pierdo toda noción del tiempo, así como de las sensaciones físicas de dolor, hambre o sed.

A pesar de que muchas horas de canalización pueden resultar agotadoras, el proceso me llena de euforia espiritual y emocional, lo que a su vez contribuye a elevar sustancialmente mi nivel de energía física.

¿Por qué algunas personas nacen con discapacidades físicas o mentales?

A pesar de que exijan cierta fuerza y valor, todos escogemos experimentar discapacidades físicas y mentales en vidas particulares para ayudarnos a resolver algunos conflictos de una manera más rápida y productiva. Aun cuando la discapacidad física o mental es leve, ella evidentemente traerá consigo mucho sufrimiento, creando oportunidades adicionales de crecimiento espiritual.

Hellen Keller es un ejemplo maravilloso de alguien que enfrentó discapacidades físicas graves cuando era joven y luchó por superarlas y vivir una vida llena de logros y autorrealización. Joseph Merrick, conocido como el "hombre elefante," sufrió muchísimo por su discapacidad física. Cuando era niño, fue víctima de la crueldad y la burla, convirtiéndose en una atracción en un espectáculo de fenómenos anormales y luego, en su edad adulta, vivió en una sociedad victoriana que mostraba muy poca piedad por los discapacitados.

Las discapacidades físicas y mentales nos ofrecen una oportunidad crucial pues, a través de ellas, aprendemos en carne propia los valores de la compasión, la sensibilidad, la comprensión, la amabilidad y la importancia de no juzgar a los demás. Después de experimentar personalmente una discapacidad o un defecto, tenemos la responsabilidad espiritual de tratar con comprensión, respeto, amabilidad y dignidad a otras personas que padecen tales sufrimientos. Se supone que cada uno de nosotros lleve consigo su iluminación a todas sus vidas posteriores como un faro de luz, para compartir con aquellos menos afortunados.

¿Somos nosotros quienes escogemos cómo y dónde moriremos?

Cuando estamos en el cielo, determinamos todas las características de nuestra próxima vida en el plano físico, entre ellas nuestro sexo, el lugar donde viviremos, quiénes serán nuestros padres, cuáles serán nuestras condiciones económicas, cuál será nuestra misión en la vida y los conflictos que debemos resolver. También decidimos cómo moriremos y exactamente cuándo haremos el viaje de regreso al cielo.

¿Todos los aspectos de nuestra vida son predetermi-
nados?

¡En absoluto! Todas las decisiones que tomamos en el
plano físico están basadas en la libertad de escoger y de
ejercer nuestra voluntad. Ésa es la razón por la que
nunca sabemos exactamente cuánto vamos a lograr
en última instancia en una vida determinada hasta que
regresamos al cielo y evaluamos todo lo que hemos
logrado.

A pesar de que tenemos la oportunidad de tomar
decisiones sobre cuándo y cómo moriremos, nuestros
planes pueden ser alterados y podemos morir prematuramente si no actuamos con cuidado. Existen tres tipos
básicos de problemas que causan la muerte prematura
en el plano físico.

Por ejemplo, algunos individuos deciden suicidarse
a pesar de que no estaban destinados a morir de esa
manera.

Otras personas son asesinadas porque se rehúsan a
escuchar las advertencias de sus Ángeles sobre el peligro inminente.

Y finalmente, otros escogen descuidar y abusar de
sus cuerpos físicos y crean enfermedades fatales que
no estaban previstas en su vida.

¿Qué pasa si, por medio del aprendizaje de la canaliza-
ción, comienzo a crecer espiritualmente y mi pareja se
queda en un nivel inferior de evolución espiritual?

Frecuentemente, en mis sesiones privadas, cuando me
preguntan sobre las razones de fondo por las que una
pareja se está distanciando, descubro que el problema
consiste en que uno de los dos está avanzando gracias a

su iluminación, mientras el otro permanece obstinadamente displicente.

Una vez usted empieza a avanzar espiritualmente y a desarrollar su madurez, sabiduría e iluminación, y decide enfrentar y resolver algunos conflictos, genera una fuerza que alimenta sentimientos de felicidad y autorrealización. Por lo tanto, usted no debe disminuir o detener su progreso; en lugar de esto, trate de inspirar y motivar a su pareja a hacer lo mismo.

Desafortunadamente, si su pareja se rehúsa a avanzar y a resolver ciertos conflictos, o a asumir una mayor responsabilidad en su crecimiento y evolución espiritual, usted probablemente se aburra o se distancie de la relación y busque una nueva pareja que tenga como prioridad el crecimiento personal.

¿Qué pasa cuando alguien no cumple su propósito con otra persona?

Usted comparte un destino o un propósito de cumplir una obligación o responsabilidad espiritual con casi todas las personas que entran a su vida. Antes de nacer a su vida actual, usted acordó cuál sería su propósito con cada una de las personas que lo rodearían. Para alcanzar el crecimiento y la evolución espiritual es imprescindible que usted honre todos y cada uno los compromisos que tiene con los demás.

El compromiso espiritual puede consistir en ayudar a otros a superar un conflicto emocional difícil sirviéndoles como guía profesional o siendo el hombre o la mujer ideal para otra persona o, quizá, contribuyendo que entienda mejor sus dones, talentos y habilidades. No importa cuál sea el propósito que usted tenga en la vida, al lograr todo lo que está destinado a hacer con esa persona usted cumple su propósito espiritual y hace su aporte a la iluminación, sabiduría y felicidad de los dos. Para descubrir cuál es su propósito exacto con quienes lo rodean, simplemente pregúnteles a sus Ángeles y rápidamente recibirá la información.

Recuerde que usted tiene el poder absoluto de tomar decisiones diarias acerca de su comportamiento: si se rehúsa a cumplir su compromiso espiritual con otra persona, ella se verá obligada a buscar a otra persona con quien pueda desarrollar la misma tarea espiritual.

Por ejemplo, una mujer conoce a un hombre que está destinado a ser su pareja ideal y con quien se debe casar y tener una familia. La relación progresa hasta el punto en que el hombre decide que no está listo para asumir el compromiso del matrimonio y de la paternidad. Él le revela su decisión de no honrar su propósito con ella y la pareja se separa; de esta manera pierden para siempre la oportunidad de interactuar emocionalmente y de construir una vida juntos. La mujer, que estaba lista y dispuesta a cumplir con su responsabilidad espiritual con él convirtiéndose en esposa y madre, se siente decepcionada por su pareja. Entonces, debe asumir la angustiante responsabilidad de buscar a otra pareja que sea ideal para ella y con quien pueda lograr las mismas tareas espirituales. Ésta es una situación espiritual increíblemente difícil.

¿Qué ocurre cuando alguien se suicida?

Cuando nuestros cuerpos físicos mueren, todos vamos directamente al cielo para comenzar una nueva vida en el plano espiritual como seres celestiales.

Sin embargo, cuando nos suicidamos, nos mantienen separados del resto de la población por cierto tiempo, mientras sanamos.

Cuando me han solicitado canalizar con amigos o familiares que se han suicidado, siempre los "veo" suspendidos en un capullo plateado y blanco lleno de una energía muy fuerte. Mientras se encuentran en el capullo, no están disponibles para canalizar; pero podemos recibir información sobre ellos a través de los Ángeles o de otros amigos o familiares fallecidos.

Curiosamente, cuando tengo acceso a información de otras vidas de un cliente que ha intentado o que está contemplando suicidarse, muchas veces "veo" a la misma persona suicidarse en una vida pasada. A nuestros Ángeles les preocupa que, una vez cometemos el grave acto de poner fin a nuestra vida física, podamos caer en el mismo patrón de comportamiento en otras vidas, al sentirnos abrumados por la depresión, el sufrimiento o las dificultades.

El capullo de luz en el que se envuelve la víctima del suicidio no está destinado a ser un castigo, sino una fuente intensa de sanación que lo tranquiliza, lo recarga de energía y contrarresta las emociones negativas de desesperación y desesperanza experimentados antes de que el individuo se sintiera obligado a terminar con su vida física.

La oportunidad de regresar al plano físico para tener una nueva vida es un regalo, y el tiempo que tenemos para lograr nuestras metas espirituales es tan corto, que el suicidio es considerado una de las grandes prohibiciones en el universo.

Suicidarse disminuye drásticamente el breve tiempo que tenemos para cumplir nuestra agenda espiritual. A pesar de que nunca somos castigados o penalizados en el cielo por nuestras acciones en el plano físico, al suicidarnos aumentamos nuestra lista de conflictos espirituales por resolver, creando más dificultades para nosotros mismos en la siguiente vida física.

¿Qué pasa si una persona que padece una enfermedad terminal se suicida?

Si alguien sufre de una enfermedad terminal y decide poner fin a su vida física, volverá al cielo como todo el mundo, pero pasará mucho menos tiempo en el capullo de sanación que otras víctimas del suicidio, antes de continuar su camino espiritual.

¿Si le pido a mis Ángeles que aparezcan ante mí, lo harán?

Si, existe una gran probabilidad de que lo hagan. Todo lo que tiene que hacer es solicitar que aparezcan de una manera más tangible ante usted.

Por experiencia propia, ¡le recomiendo que se prepare muy bien antes de hacer esta solicitud! Dígales que se presenten a su lado o directamente frente a usted para que no se sobresalte o sienta miedo.

Tantas personas me han expresado su ansiedad y entusiasmo por ver a sus Ángeles de manera tangible, que ésta es una de las preguntas más comunes en mis seminarios de canalización.

Le advierto que si les pide que se presenten ante usted, seguramente honrarán su solicitud. He recibido numerosas llamadas telefónicas de clientes asombrados que exclaman, "¡Pero no pensé que realmente fueran a aparecer!" ó "¡Tenía tanto miedo que casi me desmayo!"

Recuerde, sus Ángeles actúan tras bambalinas para ayudarlo a lograr lo máximo posible mientras se encuentra en el plano físico. Si usted les hace una petición razonable, ellos harán todo lo posible por cumplir con su deber de la mejor manera.

¿Por qué los amigos o familiares fallecidos se aparecen a algunas personas y a otras no?

Los amigos y los familiares fallecidos pueden visitar a todos sus seres amados, pero sólo ciertas personas tendrán el nivel de sensibilidad intuitiva necesaria para percibir su energía celestial.

Cuanto más bloqueada emocionalmente esté una persona o cuanto más cerebral o incrédula sea, menos probable será que reciba la información intuitiva de sus Ángeles o de cualquier otro ser celestial. Cuanto mejor sea su habilidad para canalizar y más aguzada sea su intuición, más fácil le resultará "sentir" a su ser querido y mantener una comunicación constante con él.

¿Es posible pedirle a los Ángeles pruebas de su existencia?

A medida aprende a canalizar, podrá experimentar un sentimiento de duda o incertidumbre; se preguntará si sus Ángeles realmente existen y si efectivamente usted puede comunicarse con ellos.

En ese punto, usted puede sentir la necesidad de tener pruebas tangibles de su existencia, para estar seguro de que no se trata de su imaginación y de que la relación que está desarrollando con los Ángeles no es una invención de su mente.

Por supuesto que es posible pedirles a sus Ángeles una señal de que ellos están trabajando con usted para profundizar la confianza en la relación. Es importante que les haga todas las solicitudes que crea que pueden ayudarlo a aumentar o mejorar su habilidad para canalizar productivamente.

No malgaste su tiempo pidiéndoles que le demuestren su existencia haciéndole ganar la lotería, quedar embarazada o conociendo a su pareja ideal. Si esas cosas están destinadas a suceder, sucederán, pero no necesariamente cuando usted lo pida, sino en el momento en el que usted esté mejor preparado para vivir dichas situaciones.

Usted puede pedirles una señal tangible, sin embargo, recuerde que serán sus Ángeles los que decidirán exactamente cómo se manifestarán ante usted. Pero téngalo por seguro, ¡la señal será tangible!

Por ejemplo, pueden aparecer ante usted como si tuvieran cuerpos físicos; pueden mover objetos materiales en su casa u oficina; tal vez le hablen y usted escuchará sus voces; quizá un amigo o un familiar con quien hace mucho no habla, lo llame y le transmita información canalizada de sus Ángeles. Puede ser que vaya a tener un accidente de tráfico y sus Ángeles de repente lo salven del peligro. O probablemente haya dejado las llaves dentro de su auto, como lo hice yo, ¡y ellos apaguen su alarma, abran las puertas y le enciendan la calefacción!

Existen muchas maneras en las que sus Ángeles continuamente le ofrecerán pruebas de su existencia. En mi caso, soy consciente de que la prueba más grande que me han dado ha sido la de permitirme desarrollar mi habilidad para comunicarme con ellos y convertirme en un centro de atención y afecto angelical permanente. He aprendido a escuchar sus sugerencias acerca de cómo elevar mi calidad de vida, y cuando sigo sus consejos, ¡siempre me asombro al ver cuán fácil y plena puede ser mi existencia!

¿Por qué siento la presencia de mis Ángeles algunas veces y otras no?

En ciertos momentos nos podemos sentir distanciados de uno o más de nuestros Ángeles porque ellos pueden haber escogido actuar en secreto para facilitarnos mejores oportunidades. He descubierto que cuando los Ángeles deciden pasar algún tiempo alejados de nosotros por cualquier motivo, generalmente nos comunican su ausencia para que sepamos dónde están y exactamente qué están haciendo por nosotros.

Por otra parte, mientras usted está desarrollando su sensibilidad para escucharlos, tal vez no sienta su presencia tan constantemente como lo hará cuando haya mejorado su destreza para la canalización. Si empieza a sentirse abandonado, simplemente pídales que hablen con usted y le confirmen que continúan a su lado. Aunque uno o más de sus Ángeles estén trabajando en secreto, puede estar tranquilo y seguro de que otros Ángeles han tomado su lugar para trabajar con usted.

¿Debo protegerme mientras canalizo?

No hay razón para preocuparse por la posibilidad de atraer un mal o una entidad maliciosa cuando empieza a desarrollar su habilidad para canalizar. Haya oído lo que haya oído, no existen espíritus dañinos o malignos esperando manipularlo y conducirlo a la desilusión, la miseria o la ruina. Sólo los seres celestiales del más alto nivel de iluminación espiritual son aprobados por el universo para trabajar como Ángeles de la guarda. Ellos son los únicos espíritus que le hablarán cuando usted pida información durante el proceso de canalización.

Sus Ángeles de la guarda han sido elegidos específicamente para usted, para proveer información intuitiva del más alto nivel. Usted podrá confiar totalmente en ellos para que lo ayuden a resolver conflictos, tener éxito en la misión de su vida, y crear la mejor calidad de vida posible para usted y su familia.

¿Qué sucede cuando nos morimos? ¿Qué significa que una persona que está muriendo tenga una visión de alguien que ya murió hace años?

Cuando nuestro cuerpo físico deja de existir, nuestra alma viaja de regreso al cielo. Si una persona está experimentando las etapas finales de la muerte física y tiene dificultades para abandonar su cuerpo terrenal, o si siente mucho miedo acerca de lo que encontrará cuando muera, puede ser muy reconfortante que un amigo o familiar fallecido, quien ya ha hecho el viaje, aparezca y la motive.

Todos nosotros tenemos lo que yo llamo "un comité de bienvenida" cuyo único propósito es ayudar a liberarnos de nuestro cuerpo físico y apoyarnos en nuestro viaje de vuelta al plano espiritual.

Muchos clientes han compartido conmigo historias acerca de familiares que se están muriendo y que de repente empiezan a hablar con alguien que sólo ellos pueden ver. Los espíritus con los que se están comunicando integran una asamblea de seres celestiales entre los que sus Ángeles, así como familiares y amigos fallecidos que los acompañarán en su viaje al cielo y que luego les ayudarán a adaptarse lo antes posible al plano espiritual. Una vez que el "comité de bienvenida" comienza a aparecer, la muerte física de la persona es inminente y el universo le da el apoyo necesario para que el viaje sea lo más fácil posible.

El viaje de regreso al cielo es único para cada persona, pero generalmente está compuesto por varias etapas.

Primero, su alma abandona su cuerpo físico; algunos segundos, minutos u horas más tarde, su cuerpo expirará. Al partir, su alma puede rondar por encima de su cuerpo físico durante unos segundos mientras usted se comunica con su comité de bienvenida y prepara su viaje de vuelta al cielo.

A continuación, es muy común experimentar una gran sensación de euforia cuando su alma, acompañada del comité de bienvenida, atraviesa rápidamente un túnel oscuro que conduce a una enceguecedora luz blanca. Esta luz es una manifestación de Dios y de todos los Ángeles del universo. Después de viajar a través del túnel, usted se encuentra nuevamente en el cielo, en el plano espiritual.

A su llegada, un comité de bienvenida cada vez más grande de familiares y amigos que lo han acompañado en vidas pasadas viene a su encuentro; ellos lo están esperando para darle una feliz bienvenida a su nuevo hogar. Como en el plano físico, en el cielo usted también tiene la oportunidad de establecer una nueva vida con las personas que elija, y podrá realizar el tipo de trabajo que más disfruta.

¿Qué es un "intercambio"?

Cuando tenemos la oportunidad de volver al plano físico, podemos hacerlo en dos vehículos diferentes. La mayoría de las veces, nuestra alma entra en el cuerpo de un bebé en el momento del nacimiento o poco tiempo después. El alma también puede evitarse las dificultades de la niñez y entrar directamente a un cuerpo físico adulto que haya sido abandonado por otra alma.

El cuerpo físico sólo puede acomodar un alma a la

vez. ¿Por qué querría un alma dejar vacante su cuerpo físico? Por la misma razón por la que las personas deciden suicidarse. La vida en el plano físico, con todos sus problemas, retos y dificultades puede volverse demasiado abrumadora; es por ello que algunos desearán volver al cielo. Cuando una persona se siente tan desesperada con su vida que ya no es productiva y no se espera que recupere su fuerza espiritual en el plano físico, el universo comienza a buscar un alma en el cielo que quiera hacer un intercambio para volver al plano físico.

Para que pueda ocurrir un intercambio de almas es indispensable que se den ciertas condiciones.

El alma que actualmente habita el cuerpo físico debe tener un fuerte deseo de volver al cielo mucho antes de lo acordado. La persona debe manifestarles repetidamente estos sentimientos a sus Ángeles para ponerlos en conocimiento del universo. El alma que quiere habitar el cuerpo que la otra ha dejado debe comprometerse con la difícil tarea de resolver o poner fin a todos los conflictos pendientes de la otra alma antes de ocuparse de su propia agenda espiritual.

El intercambio ocurre tan pronto como se encuentre otra alma. El alma que habitó el cuerpo físico vuelve al cielo a través del mismo proceso que sufre un cuerpo que ha expirado de manera natural, y el alma entrante ingresa al cuerpo físico como lo haría al entrar al cuerpo de un bebé.

¿Cómo puedo identificar un intercambio de almas?

El intercambio de almas en un cuerpo físico adulto es un proceso tan natural en el universo como el de un alma que entra en el cuerpo de un bebé. Tan pronto tenga consciencia del proceso, le será más fácil identificar cuándo ha ocurrido un intercambio de almas.

¡Quien experimenta el intercambio de almas de repente parece ser otra persona completamente diferente, pues en realidad lo es!

El alma de la persona que usted conocía se ha ido al plano espiritual y ha abandonado para siempre ese cuerpo físico. El alma nueva que se ha hospedado en el cuerpo físico es prácticamente un desconocido para usted.

La profundidad y la expresión de la mirada de la persona será totalmente diferente; también cambiarán sus gestos, su modo de vestir y de hablar, así como sus niveles de sensibilidad emocional, sus gustos, principios, sentido del humor, e inclusive la manera en la que se peina.

En esencia, usted estará conociendo a una persona completamente diferente, a pesar de que habite un cuerpo que a usted le resulta muy familiar.

¿Qué hago si descubro que un amigo o familiar ha sufrido un intercambio de almas?

Después de establecer que ha ocurrido un intercambio de almas, acepte que ha sucedido por el bien de ambas almas. Evidentemente su amigo o familiar sintió que sería mucho más feliz en el plano espiritual. No olvide que ahora usted ha desarrollado su habilidad para canalizar con seres celestiales, y fácilmente podrá mantener la comunicación con aquel ser querido que se ha marchado.

Gracias a su intuición, usted sabrá inmediatamente si es apropiado comenzar una relación con la nueva alma que ahora habita el cuerpo que solía ser de su ser querido. Si tiene dudas, simplemente pregúnteles a sus Ángeles si usted está destinado a tener una relación con esa nueva alma, y si tiene algún conflicto por resolver con él o ella.

¿Cómo puedo aumentar mi sensibilidad a la presencia de mis Ángeles?

Hay un ejercicio que recomiendo en mis seminarios y que usted disfrutará mucho; le ayudará a aumentar su sensibilidad a la presencia de sus Ángeles, y probablemente también mejore su sensibilidad intuitiva hacia otras personas.

Pida a un pequeño grupo de amigos que se reúnan en su casa; adviértales que no deben usar ningún tipo de perfume o colonia.

El primer participante debe sentarse en un asiento en el centro de la habitación y cerrar los ojos. Lo ideal es que la habitación esté alfombrada para que el participante no reconozca el sonido de pisadas conocidas. Si la habitación no es alfombrada, dígales a todos que se quiten los zapatos.

Uno a uno, cada participante debe entrar a la habitación y quedarse de pie, sin moverse, aproximadamente a tres pies de la persona que está sentada. Con los ojos cerrados, esta última debe adivinar quién está parado cerca de su asiento, usando su sensibilidad intuitiva para reconocer la energía de la otra persona.

Se sorprenderá al ver cuán divertido resulta el ejercicio y la velocidad con la que podrá aumentar su sensibilidad a la energía espiritual. Con el tiempo, usted también podrá sentir fácilmente la energía espiritual individual de los Ángeles a su alrededor antes de que comiencen a comunicarse con usted.

¿Cómo sé que realmente me estoy comunicando con mis Ángeles? ¿Cómo puedo distinguir entre la información que viene desde adentro de mí y la información intuitiva que recibo de ellos?

Cuando hable con sus Ángeles, usted sentirá y sabrá, sin duda alguna, que está hablando con otro ser y no consigo mismo.

¿Cómo lo sabrá? Porque sus Ángeles responderán a sus preguntas con respuestas que reflejan sus personalidades, únicas e individuales. Comunicarse con los Ángeles es bastante similar a hablar con un amigo por teléfono. Usted llama a su amigo(a), él(ella) contesta el teléfono y los dos conversan. El hecho de que no lo(a) puede ver, no significa que usted empiece a dudar de la presencia de su amigo(a) en la otra línea. Sería ridículo preguntarse si usted está hablando solo(a), ¿no es así? Pues bien, lo mismo ocurre con sus Ángeles. Cuanto más practique, mayor será su confianza en que la información intuitiva que recibe realmente proviene de ellos.

Sin embargo, si después de practicar sigue teniendo dificultades para diferenciar entre la información que viene de su mente y la que le envían sus Ángeles, simplemente pídales que le anuncien formalmente su presencia antes de que comiencen a hablar con usted. Sus Ángeles se presentarán de una manera más clara, menos sutil, y poco después podrá reconocerlos.

¿Cómo puedo guiar espiritualmente a mi hijo(a)?

Enséñeles a sus hijos a tener creencias espirituales para que tengan conciencia de la presencia Dios y de sus Ángeles de la guarda. Hábleles de cómo les han sido asignados sus Ángeles y por qué deben cultivar la relación natural que ya tienen con ellos.

Es muy importante hacerles saber que usted está abierto a conversar sobre temas espirituales con ellos. Si usted se ríe, desestima o pasa por alto sus comentarios cuando ellos quieren compartir con usted sus experiencias espirituales, sentirán que usted no está interesado y no es receptivo a sus inquietudes; probablemente prefieran no volver a contarle nada sobre sus futuros encuentros con los Ángeles. Además, si no pueden acudir a usted como un padre o madre en quien confiar para responder sus preguntas, ¿a quién podrán acudir? Usted debe ser quien inspire y motive a sus hijos a desarrollar su espiritualidad.

Los niños aprenden a partir del ejemplo. Si usted cultiva su habilidad para canalizar con los Ángeles, seguramente sus hijos se interesarán y querrán seguir sus pasos. Una vez que tenga éxito en el desarrollo de sus habilidades de canalización, le resultará muy fácil ayudar a sus hijos a fortalecer su capacidad para comunicarse con sus Ángeles.

Pida que les presenten los Ángeles de sus hijos. Luego enséñeles a sus niños acerca de sus Ángeles de la guarda, y presénteselos uno a uno por su nombre. Explíqueles a los niños que sus Ángeles de la guarda son sus mejores amigos y que siempre tendrán algo especial que hablar con ellos.

Los niños son seres únicos, personifican la honestidad, el amor incondicional y la filosofía de no juzgar a los demás, que es la esencia del espíritu angelical. Los Ángeles tienen una relación especial con los niños porque, a diferencia de los adultos, ellos confían y aceptan plenamente lo que sus sentimientos y percepciones intuitivas les dicen acerca de lo que están experimentando.

Este nivel de aceptación les permite desarrollar una relación con sus Ángeles sin necesidad de ningún esfuerzo, pues ellos no racionalizan ni desestiman lo que experimentan emocional y espiritualmente.

Si un Ángel se le aparece de forma tangible a un(a) niño(a), éste(a) acepta la existencia del Ángel como aceptaría la existencia de otro ser humano. Los Ángeles se comunican más fácilmente con los niños porque estos últimos reaccionan a la canalización, escuchan atentamente y confían en lo que ven, sienten y oyen sin dudar del encuentro. Cuando los niños mencionan tranquilamente a su amigo imaginario, lo que muchas veces están describiendo es la relación que tienen con sus Ángeles de la guarda.

Además de sus encuentros con los Ángeles, los niños reciben con frecuencia la visita de otros seres celestiales, ¡entre ellos, de familiares fallecidos y futuros hermanitos(as)! Hace algún tiempo, me sentí encantada al recibir una llamada telefónica de un cliente de Nueva Jersey que acababa de enterarse de que estaba embarazada. Ella y su esposo ya tenían un niño de tres años y me llamó para preguntarme si era el momento apropiado para compartir la noticia de su embarazo con su hijo.

Después de nuestra conversación, ella y su esposo decidieron esperar un poco antes de contarle al niño. Varios meses después, la cliente me llamó de nuevo para contarme las últimas noticias sobre su familia. Pero antes, me pidió que canalizara con sus Ángeles para preguntarles si iba a dar a luz a un niño o a una niña. Al pedir la información, "vi," físicamente, a una pequeña niña de aproximadamente tres años, quien expresó que quería darme la respuesta. Entonces me dijo que ella era la niña que entraría a la familia de mi cliente y que ya había estado hablando con su hijo, su futuro hermano mayor, para informarle acerca de su llegada y para comenzar su relación de hermanos.

Mi cliente se quedó sin aire y respondió, "¡No puedo creerlo!" Y luego me habló acerca de su hijo. Hasta el día anterior, ella y su esposo aún no le habían dado al niño la noticia del embarazo, y ellos creían que él no tenía ni la más mínima idea de que estaban esperando un bebé. Esa mañana durante el desayuno, el niño había mencionado desprevenidamente que, en las últimas semanas, su "hermanita" había hablado con él en repetidas ocasiones en su cuarto y que ella tenía muchos deseos de llegar a vivir con ellos. La niña le había dicho el día exacto de su llegada, el cual era casi idéntico a la fecha dada por los médicos.

El niño les comentó a sus padres que su "hermanita" le había dicho que vendría a verlo por las noches para que pudieran conocerse y jugar juntos. Mi cliente y su esposo estaban asombrados con lo que su hijo les había contado, pues no dudaron ni pasaron por alto su encuentro espiritual. Al contrario, expresaron que estaban abiertos a escucharlo, que les entusiasmaba saber de su experiencia y le pidieron que les contara las conversaciones que tuviera con su hermana de allí en adelante.

Estos encuentros nocturnos entre el niño y su hermana continuaron hasta que mi cliente dio a luz a una niña hermosa y saludable a quien su hermano esperaba ansiosamente.

¿La canalización puede ser usada con propósitos perjudiciales o inapropiados?

Al igual que cualquier otra capacidad o habilidad, la canalización puede ser usada para propósitos diferentes a los del "bien supremo."

Como lo discutimos en el Capítulo Nueve, existen

psíquicos, personas que leen la palma de la mano, especialistas en la lectura del Tarot y otros integrantes de la comunidad metafísica, que desean desarrollar y perfeccionar su habilidad para canalizar con el fin de obtener dinero engañando a clientes ingenuos. Otros quieren cultivar sus capacidades de canalización con el fin de ganar dinero en apuestas, la lotería o algún concurso.

Usted debe tener cuidado y sólo debe solicitar información canalizada de personas en las que confíe o de alguien altamente recomendado. Confíe en sus propios instintos acerca de la credibilidad, las capacidades y las intenciones de aquellos que canalicen para usted.

Es muy importante recordar que la canalización con sus Ángeles de la guarda u otros seres celestiales está destinada exclusivamente a ayudarlo a resolver sus problemas, a desarrollar su iluminación y a crear una mejor calidad de vida para usted y aquellos que lo rodean. Si hace mal uso de su habilidad, no la perderá, pero sí retardará drásticamente su propio progreso para alcanzar sus metas personales, profesionales y financieras por concentrar e invertir su energía en algo que no está destinado a ocurrir. Y al condenarse a esperar más tiempo para que sus sueños se cumplan, generará mucha más frustración, infelicidad e insatisfacción en su vida.

Si usted no está destinado a ganarse la lotería o a triunfar en Las Vegas, nunca creará la oportunidad para que ocurra, aunque se convierta en un experto canalizador, a no ser de que ganar ese dinero esté directamente relacionado con su progreso espiritual.

¿Tengo que meditar para ser un buen canalizador?

¡En absoluto! La meditación puede ser un medio para liberarse del estrés y de la presión, y puede ayudarles a algunos individuos a concentrarse y recuperar el equilibrio emocional y espiritual. Pero no es un prerrequisito para desarrollar sus habilidades de canalización o para fortalecer o mantener su intuición innata. Le recomiendo que considere la meditación como una manera más de recargar sus baterías, similar a ir al cine, caminar por el parque, comer cosas que le gustan o bailar.

¿Cómo puedo conocer los nombres de mis Ángeles y la razón por la cual han sido asignados para acompañarme?

Después de haberse "conectado" y de haber desarrollado una comunicación de dos sentidos con sus Ángeles, simplemente, ¡pregúnteles! Ellos estarán ansiosos por presentarse y explicarle exactamente por qué están trabajando con usted y cuáles son las metas que quieren ayudarlo a alcanzar.

¿Existen algunas dificultades que deben evitarse al canalizar para otra persona?

Cuando recién empecé a canalizar para otras personas, no tenía la más mínima idea de qué me iba a encontrar. Desde el principio, supe que no tenía que preocuparme por protegerme de espíritus malos, porque mis Ángeles me dijeron que a esas entidades no les era permitido comunicarse o transmitir ninguna información durante el proceso de canalización.

¡Lo que mis Ángeles no me dijeron era que yo tenía que protegerme de la energía física de mis clientes durante el proceso de canalización!

Si realizaba una lectura de canalización para un cliente que tenía dolores abdominales, yo empezaba a sentir su dolor; si canalizaba para alguien que sentía náuseas, yo también las sentía. Hasta que canalicé para alguien que sufría de terribles migrañas no me di cuenta de que debía hacer algo para distanciarme y no absorber la energía física de mis clientes.

Rápidamente aprendí a poner un escudo invisible entre mis clientes y yo, para evitar absorber intuitivamente sus dolencias físicas. Le recomiendo que haga lo mismo.

Antes de comenzar la canalización, imagínese que hay un escudo blindado o un capullo de luz blanca entre usted y la persona para quien va a canalizar. Adicionalmente, pídales a sus Ángeles que lo protejan y no lo dejen absorber la energía física de la otra persona; así no tendrá ningún problema.

Con frecuencia veo que mi gato mira fijamente hacia el vacío y maúlla. ¿Los animales pueden ver a los Ángeles?

¿Alguna vez se ha preguntado por qué su mascota mira fijamente con profunda concentración hacia lo que parece ser una pared en blanco? ¿O por qué de repente se emociona cuando mira al vacío?

Como los niños, los animales son totalmente sensibles a la existencia de los Ángeles y de otros seres celestiales. Su mascota puede ver y oír a sus Ángeles de la guarda, así como a sus seres queridos que se han muerto. ¡Su perro o gato reaccionará frente a un ser celestial y reconocerá su presencia mucho antes de que usted lo haga! La próxima vez que su mascota reaccione a una presencia invisible, usted puede dar por hecho que tiene uno o varios visitantes espirituales. Recuerde, si lo están visitando, es por alguna razón. ¡Aproveche la oportunidad que le ha revelado Fluffy y practique su canalización!

Unas Palabras Finales

En cada vida, usted se enfrenta a un viaje emocionante que lo lleva por un camino espiritual desconocido, único e individual. Nadie más tiene sus talentos y habilidades, sus conflictos por resolver, su historia o la misma misión en la vida. La manera en la que va a recorrer el camino espiritual es una decisión exclusivamente suya. Su calidad de vida depende del éxito que alcance en el desarrollo de su conciencia, sabiduría e iluminación.

Pero cada viaje espiritual tiene obstáculos, barricadas imposibles de pasar, desvíos frustrantes y caminos inesperados que pueden hacer que nuestro progreso sea más lento, y que incluso pueden detenerlo completamente. Hay momentos en los que nos sentimos confundidos, vacíos y deprimidos, como si estuviéramos emocional y espiritualmente desamparados, inseguros acerca de quiénes somos y hacia dónde nos dirigimos.

Pero justo cuando usted cree que ha perdido el rumbo, una voz suave le urge a que continúe adelante con su viaje, y le da una brújula espiritual que le permite recuperar la conciencia del lugar hacia donde se dirige, el tiempo que se demorará en llegar allí y lo que encontrará una vez que llegue a su destino.

Esas voces que escucha son sus Ángeles, y la maravillosa comunicación que puede desarrollar con ellos se llama canalización, y puede cambiar su vida.

Si presta atención, las voces de sus Ángeles serán claras e inconfundibles y le darán apoyo y motivación para ayudarle a recorrer su camino espiritual de la manera más feliz y tranquila posible. Con la compañía de sus Ángeles, usted tendrá el valor necesario para continuar su viaje y lograr grandes cosas, pues sabrá que nunca viaja solo. Sus compañeros angelicales lo alimentarán, apoyarán, guiarán y protegerán en cada paso de este camino llamado vida.